新版 小学校
音楽科教育法

本多佐保美・中嶋俊夫・齊藤忠彦・桐原 礼 編

教育出版

編者・執筆者一覧

【編者】

本多 佐保美　千葉大学教授

中嶋 俊夫　横浜国立大学教授

齊藤 忠彦　信州大学教授

桐原 礼　信州大学准教授

【執筆者】（執筆順）

中嶋 俊夫　横浜国立大学教授

齊藤 忠彦　信州大学教授

瀧川 淳　熊本大学准教授

本多 佐保美　千葉大学教授

牛越 雅紀　豊丘村立豊丘中学校校長

島田 広　横浜国立大学准教授

竹内 由紀子　千葉大学助教

佐藤 まり子　船橋市立夏見台小学校教諭

柏原 圭佑　横浜国立大学教育学部附属横浜小学校教諭

清水 麻希子　千葉大学教育学部附属小学校教諭

小関 崇司　横浜市立新田中学校非常勤講師

中地 雅之　東京学芸大学教授

阪井 恵　明星大学教授

桐原 礼　信州大学准教授

中里 南子　群馬大学准教授

吉田 治人　信州大学准教授

は じ め に

　平成29（2017）年3月，新しい学習指導要領が告示されました。新学習指導要領では，これからの社会を生きる子どもたちが未来を切り拓いていくために必要な資質・能力を一層確実に育成していくことが求められています。子どもたちの資質・能力を確実に育む「主体的・対話的で深い学び」が提唱され，思考力・表現力の伸長，協働の学びの推進，体験活動の充実等がいわれています。

　本書は，新学習指導要領の改訂の趣旨をふまえ，今後の小学校音楽科教育のあり方を見据え，知恵を集めて編纂しました。

　一方で，教育の世界では「不易と流行」ということが常に言われます。すなわち，教育において，いつの時代にあっても重要なこと・不変なことがある，変わるものと変わらないものがあるということも押さえておく必要があるでしょう。

　本書の特徴は，「やってみよう！　そして考えよう！」という活動と思考の提案を，随所に取り入れたことです。まずは，音楽を自分自身で，自分の身体と心をぞんぶんに使ってやってみましょう。活動の中で多くの気づきがあることでしょう。そして，活動の意味をいったん立ち止まって考えてみることです。考えることは，音楽の「授業をつくる」ために必要なポイント・ねらいの明確化につながります。ぜひ，たくさんの気づきと考察を共有してください。

　これからの社会を担う子どもたちを育てる使命をもった皆さんが，本書を活用して，小学校音楽科の学習指導について，具体的に音楽をとおして考察を深めていっていただくことを願います。

　2018年2月

本多佐保美

目　次

はじめに　3

Ⅰ　音楽科教育の理念と内容

1. **音楽科教育と小学校教師** ── 8
   - （1）子どもと音楽の関係を築く
     小学校音楽科の役割　8
   - （2）学校音楽文化を育んできた
     日本の音楽科教育　8
   - （3）音楽科を担当する教師に求められる
     資質・能力　8

2. **学習指導要領改訂の要点と
   音楽科の目標及び内容の概要** ── 10
   - （1）改訂の基本方針　10
   - （2）音楽科の改訂の要点　10
   - （3）音楽科の目標　11
   - （4）音楽科の内容　13

Ⅱ　音楽科の授業をつくる

1. **題材構成の方法** ── 18
   - （1）題材とは　18
   - （2）題材の構成　18
   - （3）題材の配列　18
   - （4）題材構成に際しての配慮事項　19

2. **年間指導計画** ── 20
   - （1）教育課程における指導計画　20
   - （2）音楽科における年間指導計画　20

3. **評価の観点** ── 26
   - （1）評価とは　26
   - （2）音楽科の目標と評価　26
   - （3）音楽科の評価の観点　26
   - （4）評価の方法　27

4. **音楽科の授業を構想する** ── 28
   - （1）学習指導案を作成する前に　28
   - （2）授業観察のすすめ　28
   - （3）授業を構想する　28
   - （4）学習指導要領と教科書から学ぶ　28

5. **指導案の書き方** ── 30

6. **指導案の例** ── 32
   - 指導案の例／①歌唱　32
   - 指導案の例／②器楽（器楽合奏）　36
   - 指導案の例／③鑑賞　38
   - 指導案の例／④音楽づくり　40
   - 指導案の例／⑤日本の音楽
     　　　　　（お囃子の創作）　44
   - 指導案の例／⑥中学校への接続を意識した
     　　　　　小学校高学年の事例　46

Ⅲ　音楽科指導のポイント

1. **歌唱指導のポイント** ── 52
   - （1）「皆が参加する場づくり」から
     「声の多様な表現」へ　52
   - （2）「聴いて歌う」から
     「ハーモニーの体験」へ　53
   - （3）発声指導の基礎
     ──イメージや身体感覚を生かして　53
   - （4）曲想表現　57
     - ●やってみよう！考えよう！　57

2. 器楽指導のポイント ──── 59
　（1）器楽指導の意義や特徴　59
　（2）器楽指導の内容　60
　（3）器楽指導のポイント　62
　　●やってみよう！考えよう！　63
　（4）各楽器の種類や奏法　66
　（5）和楽器の種類や奏法　71

3. 音楽づくりの指導の意義や特徴 ──── 75
　（1）音楽づくりの考え方の系譜　75
　（2）「音楽づくり」のねらいの捉え方　76
　（3）平成29年版学習指導要領における音楽づくり　76
　（4）音楽づくりの活動例　77
　　●やってみよう！考えよう！　79

4. 鑑賞指導のポイント ──── 82
　（1）鑑賞指導の意義　82
　（2）鑑賞指導のポイント　82
　　●やってみよう！考えよう！　84

5. 日本の音楽・世界の音楽の指導のポイント ──── 87
　（1）日本音楽の指導の意義と指導のポイント　87
　　●やってみよう！考えよう！　89
　（2）世界の音楽の指導の意義と特徴　91
　　●やってみよう！考えよう！　92

6. 身体表現を取り入れた音楽活動 ──── 95
　　●やってみよう！考えよう！　95

7. 音楽科教育の今日的課題 ──── 98
　（1）学校段階間の接続や連携　98
　（2）特別な配慮を必要とする児童への対応　99
　（3）他教科等との関連　100
　（4）主体的・対話的で深い学び　101
　（5）言語活動の充実　101
　（6）音楽科におけるICTの活用　102

8. 音楽教育の歴史 ──── 103
　（1）明治時代　103
　（2）文部省唱歌と大正童謡運動　104
　（3）昭和時代　105

Ⅳ　基礎資料

1. 歌唱共通教材 ──── 110
　うみ　110
　かたつむり　112
　ひのまる　114
　ひらいた ひらいた　116
　かくれんぼ　118
　春が きた　120
　虫の こえ　122
　夕やけ こやけ　124
　うさぎ　126
　茶つみ　128
　春の小川　130
　ふじ山　132
　さくら さくら　134
　とんび　136
　まきばの朝　138
　もみじ　141
　こいのぼり　144
　スキーの歌　146
　子もり歌　149
　冬げしき　150
　越天楽今様　152
　おぼろ月夜　154
　ふるさと　157
　われは海の子　160

2. 愛唱歌集 ──── 162
　山のごちそう　162
　翼をください　163
　上を向いて歩こう　164
　ウン パッパ　165
　おちゃらか　165
　花は咲く　166

夜が明けた　　168
　　山の朝　　168
　　十五夜さんの餅つき　　169

3. **楽譜集** ──────────── 170
　　にじ色の風船　　170
　　ミの練習　　171
　　音楽づくり（リコーダーの旋律）の
　　　ための図　　171
　　PANIC　　172
　　ピタゴラスイッチ　　174
　　リッピーマーチ　　176
　　茶いろの小びん　　177
　　せいじゃの行進　　178
　　リズムのロンド　　179
　　くいしんぼうのラップ　　180

4. **楽　典** ──────────── 182
　　（1）譜表と音名　　182
　　（2）音符と休符　　182
　　（3）拍子とリズム　　183
　　（4）音程　　183
　　（5）音階と調　　184
　　（6）和音　　184
　　（7）コード　　185
　　（8）用語・記号　　186

5. **弾き歌いの初歩** ──────── 187
　　（1）和音で伴奏するための必要な知識　　187
　　（2）実際に伴奏してみよう　　187
　　（3）コード一覧表　　188
　　（4）弾き歌いのアドバイス　　188

6. **指揮法について** ──────── 189
　　（1）指揮の役割　　189
　　（2）指揮をする際の姿勢と構え　　189
　　（3）指揮運動　　189
　　（4）予備拍の提示　　190
　　（5）楽曲指揮に当たって　　191
　　（6）指揮の練習について　　192
　　（7）指導者と指揮者の立場での指揮　　192

7. **小学校学習指導要領**
　　（平成29年3月告示）音楽 ──── 193

◎**コラム**
　音楽から感じ取ったことを言葉で
　表してみよう　　35

　「音階」を考え，演奏してみよう　　48

　国歌《君が代》の由来　　108

I

音楽科教育の理念と内容

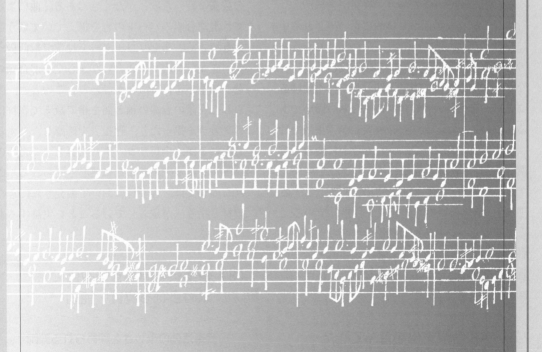

1. 音楽科教育と小学校教師

(1) 子どもと音楽の関係を築く小学校音楽科の役割

　大人になってから小学校時代のことを思い出すとき，どのような場面が記憶に残っているだろうか。初めて何かがわかるようになったり，できるようになったりした経験，仲間と協力して一つのことを成し遂げようとチャレンジした経験，真実に触れて感動した経験，困難に直面し悩んだ経験……，それらは様々な感情をともなって思い出されるだろう。授業や学級活動，行事など様々な場面が具体的に思い出される中に，歌ったり，演奏したり，聴いたりした音楽の存在があり，その音楽的体験が後の人生に少なからずつながって音楽と関わりを持ち続けることは，音楽科教育に携わる私たちの願いである。このことは，新学習指導要領が「生活や社会の中の音や音楽，音楽文化と豊かに関わる資質・能力」(教科の目標)，「音楽経験を生かして生活を明るく潤いのあるものにしようとする態度」(学年の目標)の育成を目指していることと重なる。これらの目標を共有しながら音楽科の役割について考えるとき，子どもと音楽の魅力に共感し，子どもの音楽体験を支援する教師の姿が見えてくる。

(2) 学校音楽文化を育んできた日本の音楽科教育

　日本の学校では子どもと教師がともに音楽活動を楽しむ豊かな学校文化を育んできた。この背景には，唱歌と呼ばれる皆が共通に歌える歌を持ち続けてきた歴史がある。唱歌の中には今でもよく歌われる「蝶々」，「蛍」(蛍の光)(1882年［明治15］～1884年［明治17］に発行された『小学唱歌集』に所収)など，外国から入ってきた曲もあれば，「春がきた」「もみじ」「ふるさと」(1911年［明治44］から1914年［大正3］にかけて発行された6冊の『尋常小学唱歌』に所収)など，現在は文部省唱歌と呼ばれ，共通教材として教科書に掲載されている曲もある。これら唱歌は，教育制度の近代化を進めた明治の黎明期に，唱歌科を学校教育に位置づけるため不断の努力を積み重ねた先人たちの功績の賜物であるといえる。この学校音楽文化の土壌は，百数十年にわたり共通の財産を継承しながら，時代とともに新たな音楽文化の共有を推進し，現在に至っている。

　私が「初等音楽教育法」の授業を担当する大学の教育学部には全国各地から学生が入学してくるが，皆が知っていて共通に歌える歌(音楽の授業で習った歌)がたくさんある。曲によっては混声合唱のパートの音を憶えていて歌うこともできる。またリコーダーを授業で数回扱うが，グループ内で教え合いながら全員が合奏の発表に漕ぎ着けることができる。このとき，配られた楽譜の五線の線と間を指で数えて音符にカタカナを振ったり，運指表を確認したりする者もいるが，全員リコーダー演奏をするためのツールを持っていることに感心させられる。これらの事実は，音楽科において開発されてきた教材と指導法が定着していることを実証するものである。

(3) 音楽科を担当する教師に求められる資質・能力

① 音楽活動の楽しさを深められる教師
　児童が楽しんで音楽の学習活動が進められるよう，教材選択や指導法において発想豊かに工夫することが教師に求められる。子どもたちが「楽しい」と感じる段階にはいくつかあるだろ

う。学習内容が初めから子どもたちの興味関心と一致し，学ぶ楽しさを持続しながら授業が進む場合もあれば，課題の克服にむけて「もっとできるようになりたい」といった意欲が，困難を乗り越えて成果につながり，学びがより楽しくなる場合もある。音楽の学習指導においては，導入段階にある「楽しさ」と，よりよいものを求めてそれが実現するときに感じる「楽しさ」の両方に視点を置く必要がある。

　授業計画にあたっては，感性と知性の両方を働かせて子どもたちが学習に取り組めるよう工夫し，活動が表面的な楽しさに終わらないよう注意する必要がある。その方法として，①イメージや感情，②知識，③技能の三つの観点の関連を図ることを意識するといいだろう。

　教育実習生が指導する音楽の授業を参観すると，歌詞の解釈や曲想などのイメージを児童と共有する場面がよくある。しかし解釈やイメージが共有されれば表現につながると錯覚されている例が多く，この場合，知識との関連が希薄であったり，具体的な技能との関連が図られていなかったりする。もちろん，例えば「せつない気持ち」を共有することで歌い方が変わることもあるが，その場合でも一過性の表現にならないよう，知識や技能の観点から子どもたちに学びを自覚させることが必要になる。つまり，生きて働く「知識・技能」の習得が大切だということだ。この「知識・技能」が子どもたちの音楽活動をもっと「楽しい」方向へ導き，音楽のよさや美しさに対する共感を促す。教師は子どもたちの「楽しい」を深めるために，音楽の専門性に裏打ちされた指導力を身につけて授業づくりを実現することが求められる。

② 音楽をつくりあげるプロセスを子どもとともに楽しむ教師

　近年ますます多様化する音楽の生産・消費行動と日々進化する情報技術は，人間と音楽の関係をどんどん変えていく。音楽科にとってもデジタル教科書や音楽ソフトなど新しい技術が導入され，表現や鑑賞の学習活動の充実に役立てられている。一方で，合唱のパート練習などにおいては，多くの学校ですばらしい範唱と伴奏が入った音源が用意され，それほど時間をかけずに音取りが進められている。新しい技術は，質の高い深い学びを実現するために活用されるべきだが，児童生徒，教師どちらにとっても音楽学習の手間を省く単なる便利なものにならないよう配慮する必要がある。

　このことをたとえて言うならば，レトルト食品と手づくり料理の関係に似ている。レトルト食品は忙しいときに便利なものだが，レトルト食品だけを食べていると素材の元の形や特徴を知らず，また切り方や味つけなど調理法を経験することもない。音楽に対する感性は素材の感触を耳で確かめながら，知識や技能は試行錯誤の中で時間をかけて獲得されていく。一つの音やフレーズを歌ったり奏でたりするとき，創意工夫によって音や音楽の表現が変化し，よりよくなることを児童に経験させられることはとても価値のあることである。子どもたちと音楽をつくりあげるプロセスをじっくり楽しむ姿勢をもつことは，音楽科教師の大切な資質であるといえるだろう。

③ 音楽の魅力を子どもたちに伝えられる教師

　手間や時間をかけた音楽活動のプロセスを子どもたちと楽しめる教師は，自ら音楽と向き合い，音楽に感動する気持ちや音楽の魅力を子どもたちに伝えられる人であると考える。もしかしたら，教員養成課程の授業で身につけた知識と技能だけでは自信が持てない教師もいるかもしれないが，身につけた知識と技能を仕舞い込むことなく，授業に臨みながら更新していく姿勢を持つことが大切である。子どもたちの前で範唱できるよう練習したり，楽器で旋律をたどりながら教材と向き合うことから始めよう。その一歩先，そのまた一歩先に，子どもたちの共感を呼ぶ音楽を楽しむ教師の姿がある。

（中嶋俊夫）

2. 学習指導要領改訂の要点と音楽科の目標及び内容の概要

(1) 改訂の基本方針

2017(平成29)年3月に新小学校学習指導要領(第9次)が告示された。今回の改訂の基本方針の一つとして,子どもたちが未来社会を切り開くための資質・能力を一層確実に育成することを目指すという方向性が示された。

育成を目指す資質・能力について,生きて働く「知識・技能」の習得(何を理解しているか,何ができるか),未知の状況にも対応できる「思考力・判断力・表現力等」の育成(理解していること・できることをどう使うか),学びを人生や社会に生かそうとする「学びに向かう力,人間性等」の涵養(どのように社会・世界と関わり,よりよい人生を送るか)という三つの柱(図1)が示され,各教科等の目標や内容についても,この三つの柱に沿って整理されることになった。

新学習指導要領は,小学校では,2020(平成32)年4月1日から全面実施される。

(2) 音楽科の改訂の要点

① 目標の改善

従前,教科の目標は一文で示されていたが,今回の改訂では資質・能力の三つの柱に沿って整理された。柱書には,音楽科で育成を目指す資質・能力が,「生活や社会の中の音や音楽と豊かに関わる資質・能力」と規定され,「音楽的な見方・考え方」を働かせて学習活動に取り組めるようにする必要があることが示されている。学年の目標についても,教科の目標の構造と合わせ,資質・能力の三つの柱に沿って整理されている。

② 内容構成の改善

内容については,従前同様に,「A表現」と「B鑑賞」の二領域及び〔共通事項〕で構成されている。「A表現」には,「歌唱」,「器楽」,「音楽づくり」の三つの分野がある。各指導事項についても,資質・能力の三つの柱に沿って示され,指導すべき内容がこれまで以上に明確になった。

③ 指導内容の改善

1)「知識」及び「技能」について

「知識」に関する指導内容については,「曲想と音楽の構造との関わり」等を理解することに関する具体的な内容が,歌唱,器楽,音楽づくり,鑑賞の領域や分野ごとに事項として示された。「技能」に関する指導内容については,思いや意図などに合った表現をするために必要となる具体的な内容が,歌唱,器楽,音楽づくりの分野ごとに事項として示された。

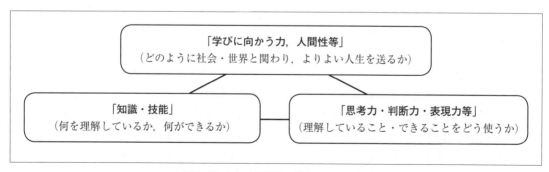

図1 育成すべき資質・能力の三つの柱

2)〔共通事項〕の改善

〔共通事項〕については,従前の趣旨を踏まえつつ,アの事項については,「思考力,判断力,表現力等」に関する資質・能力として,イの事項については,「知識」に関する資質・能力として示された。

3) 言語活動の充実

他者と協働しながら,音楽表現を生み出したり音楽を聴いてよさなどを考えたりしていく学習をこれまで以上に充実させるために,「A表現」及び「B鑑賞」の指導に当たっての配慮事項として,「音や音楽及び言葉によるコミュニケーションを図り,音楽科の特質に応じた言語活動を適切に位置付けられるよう指導を工夫すること」と示された。

4)「我が国や郷土の音楽」に関する学習の充実

これまで第5学年及び第6学年において取り上げる旋律楽器として例示されていた和楽器の扱いをさらに拡大し,第3学年及び第4学年にも位置づけられるなど,「我が国や郷土の音楽」に関する学習を充実させる方向が示された。

(3) 音楽科の目標

① 教科の目標

教科の目標は,次のように示された。

音楽科の目標

表現及び鑑賞の活動を通して,音楽的な見方・考え方を働かせ,生活や社会の中の音や音楽と豊かに関わる資質・能力を次のとおり育成することを目指す。
(1) 曲想と音楽の構造などとの関わりについて理解するとともに,表したい音楽表現をするために必要な技能を身につけるようにする。
(2) 音楽表現を工夫することや,音楽を味わって聴くことができるようにする。
(3) 音楽活動の楽しさを体験することを通して,音楽を愛好する心情と音楽に対する感性を育むとともに,音楽に親しむ態度を養い,豊かな情操を培う。

「表現及び鑑賞の活動を通して」とは,音楽科の学習が,歌を歌ったり,楽器を演奏したり,音楽をつくったり,音楽を聴いたりすることなどの多様な音楽活動を通して行うことが大切であることを示している。

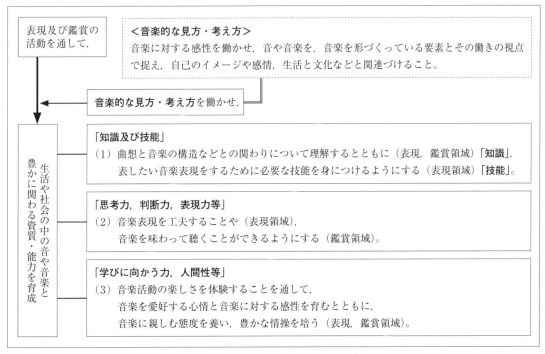

図2 音楽科の目標の構造

「音楽的な見方・考え方」とは，以下の内容で，音楽科の特質に応じた，物事を捉える視点や考え方であり，音楽科を学ぶ本質に迫るものである。

> <音楽的な見方・考え方>
> 音楽に対する感性を働かせ，音や音楽を，音楽を形づくっている要素とその働きの視点で捉え，自己のイメージや感情，生活と文化などと関連づけること。

「生活や社会の中の音や音楽と豊かに関わる資質・能力」とは，音楽科の学習を通して育成を目指す資質・能力であり，三つの柱に沿って(1)，(2)及び(3)と示されている。

「(1) 曲想と音楽の構造などとの関わりについて理解するとともに，表したい音楽表現をするために必要な技能を身につけるようにする」は，「知識及び技能」に関する目標である。「曲想と音楽の構造などとの関わりについて理解する」が「知識」で，表現領域及び鑑賞領域に共通するものである。「表したい音楽表現をするために必要な技能を身につけるようにする」が「技能」で，これは表現領域のみに該当する。ここで，「曲想」とは，その音楽に固有の雰囲気や表情，味わいのことで，「音楽の構造」とは，音楽を形づくっている要素の表れ方や，音楽を特徴づけている要素と音楽の仕組みとの関わり合いのことである。

「(2) 音楽表現を工夫することや，音楽を味わって聴くことができるようにする」は，「思考力，判断力，表現力等」の育成に関する目標である。「音楽表現を工夫すること」は表現領域，「音楽を味わって聴くことができるようにする」は，鑑賞領域に該当する。

「(3) 音楽活動の楽しさを体験することを通して，音楽を愛好する心情と音楽に対する感性を育むとともに，音楽に親しむ態度を養い，豊かな情操を培う」は，「学びに向かう力，人間性等」の涵養に関する目標である。「音楽の楽しさを体験する」とは，主体的，創造的に表現や鑑賞の活動に取り組む楽しさを実感することであり，「音楽を愛好する心情」とは，音楽を愛好することができるようにするとともに，生活の中に音楽を生かそうとする態度を育むことである。「音楽に対する感性」とは，音楽的感受性のことで，リズム感，旋律感，和音感，強弱感，速度感，音色感など音楽の様々な特性に対する感受性を意味している。また，音や音楽の美しさなどを感じ取る心の働きでもある。「音楽に親しむ態度」とは，我が国の音楽や諸外国の様々な音楽，及び様々な音楽活動に関心をもち，積極的に関わっていこうとする態度である。「豊かな情操を培う」とは，美しいものや優れたものに接して感動する情感豊かな心を培うということである。音楽によって培われるのは直接的には，美的情操が深く関わっていると考えられている。

音楽科では，この目標を実現することによって，生活や社会の中の音や音楽と豊かに関わることができる人を育てること，そのことによって，心豊かな生活を営むことのできる人を育てること，ひいては，心豊かな生活を営む社会の実現に寄与することを目指している。

以上のことについて，図示すると図2（前ページ）のようになる。

② 学年の目標

学年の目標は，教科の目標を実現していくために，児童の発達段階に即して，2学年まとめて次のように示されている。

(1)は「知識及び技能」の習得，(2)は「思考力，判断力，表現力等」の育成，(3)は「学びに向かう力，人間性等」の涵養の観点から構成されている。

> 第1学年及び第2学年
> (1) 曲想と音楽の構造などとの関わりについて気付くとともに，音楽表現を楽しむために必要な歌唱，器楽，音楽づくりの技能を身につけるようにする。
> (2) 音楽表現を考えて表現に対する思いをもつことや，曲や演奏の楽しさを見いだしながら音楽を味わって聴くことができるようにする。
> (3) 楽しく音楽に関わり，協働して音楽活動をする楽しさを感じながら，身の回りの様々な音楽に親しむとともに，音楽経験を生かして生活を明るく潤いのあるものにしようとする態度を養う。

第3学年及び第4学年
(1) 曲想と音楽の構造などとの関わりについて気付くとともに,表したい音楽表現をするために必要な歌唱,器楽,音楽づくりの技能を身につけるようにする。
(2) 音楽表現を考えて表現に対する思いや意図をもつことや,曲や演奏のよさなどを見いだしながら音楽を味わって聴くことができるようにする。
(3) 進んで音楽に関わり,協働して音楽活動をする楽しさを感じながら,様々な音楽に親しむとともに,音楽経験を生かして生活を明るく潤いのあるものにしようとする態度を養う。

第5学年及び第6学年
(1) 曲想と音楽の構造などとの関わりについて理解するとともに,表したい音楽表現をするために必要な歌唱,器楽,音楽づくりの技能を身に付けるようにする。
(2) 音楽表現を考えて表現に対する思いや意図をもつことや,曲や演奏のよさなどを見いだしながら音楽を味わって聴くことができるようにする。
(3) 主体的に音楽に関わり,協働して音楽活動をする楽しさを味わいながら,様々な音楽に親しむとともに,音楽経験を生かして生活を明るく潤いのあるものにしようとする態度を養う。

学年の目標を,三つの柱に沿っての資質・能力別,さらに,学年別に整理すると次表のようになる。児童の発達の段階や学習の系統性などを踏まえて,学習が質的に深まるように示されている。

(1)「知識及び技能」の習得に関する目標

学　年	表現領域の「知識」	表現領域の「技能」	
第1・2学年	曲想と音楽の構造などとの関わりについて気付くとともに,	音楽表現を楽しむために必要な	歌唱,器楽,音楽づくりの技能を身に付けるようにする。
第3・4学年		表したい音楽表現をするために必要な	
第5・6学年	曲想と音楽の構造などとの関わりについて理解するとともに,		

(2)「思考力,判断力,表現力等」の育成に関する目標

学　年	表現領域の「思考力,判断力,表現力等」	鑑賞領域の「思考力,判断力,表現力等」	
第1・2学年	音楽表現を考えて表現に対する思いをもつことや,	曲や演奏の楽しさを見いだしながら	音楽を味わって聴くことができるようにする。
第3・4学年	音楽表現を考えて表現に対する思いや意図をもつことや,	曲や演奏のよさなどを見出しながら	
第5・6学年			

(3)「学びに向かう力,人間性等」の涵養に関する目標

学　年	表現,鑑賞領域の「学びに向かう力,人間性等」			
第1・2学年	楽しく音楽に関わり,	協働して音楽活動をする楽しさを感じながら,	身の回りの様々な音楽に親しむとともに,	音楽経験を生かして生活を明るく潤いのあるものにしようとする態度を養う。
第3・4学年	進んで音楽に関わり,		様々な音楽の親しむとともに,	
第5・6学年	主体的に音楽に関わり,	協働して音楽活動をする楽しさを味わいながら,		

(4) 音楽科の内容

① 内容の構成

音楽科の内容は,「A表現」,「B鑑賞」の二領域及び〔共通事項〕で構成されている。「A表現」には,歌唱,器楽,音楽づくりの三分野があり,「B鑑賞」はそれ自体が一つの領域である。今回の改訂では,内容についても,三つの資質・能力に対応するように構成されている。

その構造は次表のとおりである。

領域			
領域	A 表現	(1) 歌唱	ア「思考力, 判断力, 表現力等」
			イ「知識」
			ウ「技能」
		(2) 器楽	ア「思考力, 判断力, 表現力等」
			イ「知識」
			ウ「技能」
		(3) 音楽づくり	ア「思考力, 判断力, 表現力等」
			イ「知識」
			ウ「技能」
	B 鑑賞	(1) 鑑賞	ア「思考力, 判断力, 表現力等」
			イ「知識」
〔共通事項〕		(1)「A表現」及び「B鑑賞」を通して	ア「思考力, 判断力, 表現力等」
			イ「知識」

　内容については，紙面の都合上すべてを紹介できないため，ここでは，第1・2学年の「A表現」(1) 歌唱の活動の指導事項を例として取り上げ，その構造と関係性について説明する。
　アは「思考力，判断力，表現力等」に関する資質・能力，イは「知識」に関する資質・能力，ウは「技能」に関する資質・能力である。今回の改訂では，音楽科において育成を目指す資質・能力を一層明確にすることを踏まえ，各事項を分けて示しているが，指導に当たっては，ア，イ及びウの各事項を適切に関連させながら，一体的に育てていくことが大切である。したがって，例えば，イ，ウを習得させてから，アを育成するといった一方向のみの指導にならないようにする必要がある。

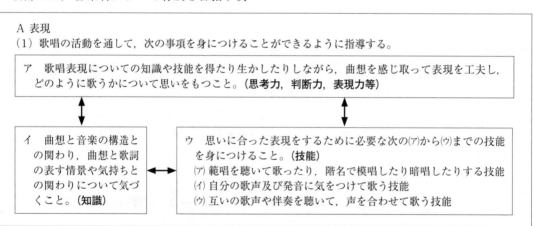

図3　第1・2学年「A表現」(1) に関わる概念図

②〔共通事項〕について
　〔共通事項〕とは，表現及び鑑賞の学習において共通に必要となる資質・能力であり，「A表現」及び「B鑑賞」の内容の各事項の指導と併せて指導するものである。アの事項は「思考力，判断力，表現力等」に関する資質・能力として，イの事項は「知識」に関する資質・能力して次のように示されている（〔共通事項〕）。

アとイの冒頭に，「音楽を形づくっている要素」とあるが，このことについては「第3　指導計画の作成と内容の取扱い」2 (8) に説明が加えられている。「音楽を形づくっている要素」については，「ア　音楽を特徴づけている要素」と「イ　音楽の仕組み」の二つに分けて説明され，次のように示されている（「音楽を形づくっている要素」）。

〔共通事項〕
(1)「A表現」及び「B鑑賞」の指導を通して，次の事項を身につけることができるよう指導する。
ア 音楽を形づくっている要素を聴き取り，それらの働きが生み出すよさや面白さ，美しさを感じ取りながら，聴き取ったことと感じ取ったこととの関わりについて考えること。
イ 音楽を形づくっている要素及びそれらに関わる音符，休符，記号や用語について，音楽における働きと関わらせて理解すること。

「音楽を形づくっている要素」
ア 音楽を特徴づけている要素
音色，リズム，速度，旋律，強弱，音の重なり，和音の響き，音階，調，拍，フレーズなど
イ 音楽の仕組み
反復，呼びかけとこたえ，変化，音楽の縦と横の関係など

〔共通事項〕(1) アには，「聴き取ること」と「感じ取ること」，そして「聴き取ったことと感じ取ったこととの関わり」という三つの学習の過程が示されている。それらの関係を図示すると以下のようになる（図4）。なお，ここではイメージしやすいように三つの過程を分けて図示しているが，本来は一連の学習の流れと考えるべきものである。

〔共通事項〕は，歌唱，器楽，音楽づくり，鑑賞の各活動の指導事項を支えとなるものである。その関係を図示すると以下のようになる（図5）。また，〔共通事項〕は，各活動を関連づけるという役割もある。例えば，図5の点線矢印のように，「音楽の縦と横の関係」に注目することにより，それを手がかりとして歌唱と鑑賞の活動を関連づけて指導することができるようになる。

(齊藤忠彦)

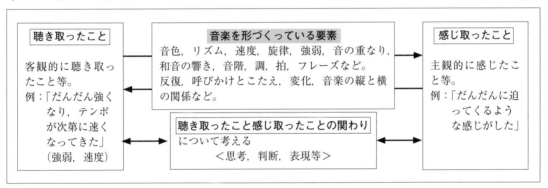

図4 〔共通事項〕(1) アに関わる概念図

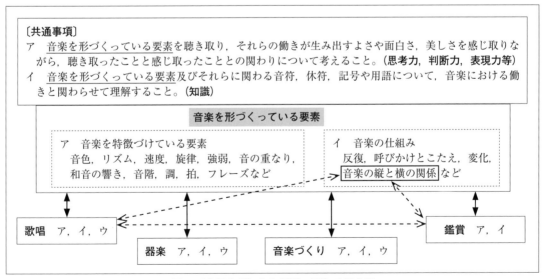

図5 〔共通事項〕と各活動に関わる概念図

II
音楽科の授業をつくる

1. 題材構成の方法

（1）題材とは

　子どもが友達たちと一緒に，ときに身体表現を伴って，またときにハーモニーを奏でながら，歌を歌ったり，楽器を演奏したり，音楽をつくったりする。また鑑賞した作品について考えを共有する。そして，このような授業を通して，一人ひとりが「音楽的な見方・考え方」を十分に働かせ，「深い学び」を実現する。なんと素敵な授業だろうか。

　このような授業を実現するためには，まず年間のうちに表現（歌唱・器楽・音楽づくり）及び鑑賞の学習活動が，バランスよく配置された指導計画の立案が必要となる。この学習活動一つひとつのまとまりを「題材」と呼ぶ。つまり題材とは，子どもに身につけさせたい音楽的な資質・能力や学びのまとまりである。

　この題材は，他教科にみられる「単元」とほぼ同義と捉えてよい。しかしながら，音楽科の学習活動は，歌唱，器楽，音楽づくり，鑑賞が継続的に実践される。例えば，4年生歌唱共通教材の「もみじ」で2部合唱を学習したからといって，音楽表現に必要なハーモニーが獲得されるわけではない。たとえ同じハーモニーであっても曲が違えば響き方や感じ方は違う。つまり子どもたちは，多くの歌唱曲で様々なハーモニーを経験し味わいながら，音楽的な感じ方（見方・考え方）や表現方法を深めていくのである。したがって，題材は，一つひとつの活動が独立した「単元」学習とは捉え方が異なるのである。

（2）題材の構成

　学習指導のまとまりである「題材」は，以下のような項目から構成される。

1）指導の目標
2）指導の内容
3）教材
4）指導の計画
5）評価規準
6）本時の展開
7）資料

　指導計画の目標を達成するために，題材ごとに活動の詳細が記された「学習指導案」が立案される。

（3）題材の配列

　音楽科の題材は，以下，2通りの捉え方のいずれかで構成される。

①主題による題材構成
②楽曲による題材構成

　①「主題による題材構成」には，さらに「生活経験的なまとまり」，または「音楽的なまとまり」を主題として題材を構成する2種類の方法がある。

　「生活経験的なまとまり」による主題とは，例えば，季節に関連した「春の風景を感じて」や，学校行事と関連させて「感動を呼ぶ音楽会をひらこう」などが考えられる。どちらも子どもの（学校）生活と音楽が密接に関わって設定される。

　「音楽的なまとまり」による主題とは，音楽的な要素（旋律，音色，和音，リズムなど）や形式に着目して主題を構成する方法である。例えば，「ABA形式の音楽をつくろう」，「旋律を構成する要素に着目して表現の違いを感じ取

ろう」などが考えられる。

　このどちらも，一つの楽曲を集中的に学習するというよりも，題材に設定した主題を共通に持ついくつかの教材（楽曲）を通して学習される活動が理想的である。また歌唱と器楽の活動，音楽づくりと鑑賞の活動というように表現内の活動内容や，領域間の関連を図ることも，子どもたちに主題を深く学ばせるために必要であろう。

　例えば，「春の風景を感じて」では，春を歌った楽曲の歌唱と，春を題材とした器楽活動を合わせた授業構想により，単に歌詞に「春」が歌われているから春を感じるといった表面的で浅い学びではなく，歌詞のない器楽作品を合わせて学ぶことで，作曲家がどのように様々な楽器の音色や奏法，また音楽を構成する要素を駆使して春を音楽で表現しようとしているのかを感じ，知る活動にまで発展させることができる。そして，このような器楽活動から，歌唱活動につなげれば（もしくは歌唱から器楽へ，そして再度，歌唱を深めることができれば），単に歌詞に着目するだけでなく，歌詞と旋律，旋律と伴奏との関わりについても意識的になることができよう。また「ABA形式の音楽をつくろう」では，音楽づくりと鑑賞や歌唱とを関連づけることで，より深い学びが実現できる。例えば，ABA形式による音楽づくり活動を経験することで，子どもたちはAの部分がBを経て，Aに戻ってくることに耳が研ぎ澄まされる。その後，ABA形式でつくられた楽曲を鑑賞したり歌唱したりすることで，子どもたちは，音楽を形づくる要素により耳を傾けるようになる。これは「音楽の見方・考え方」の学びであり，また「深い学び」にもつながる。

　②「楽曲による題材構成」とは，楽曲そのものを題材にして授業を構成する方法である。例えば「歌詞の意味を考えて，ハーモニーの美しさを感じ取りながら《ふるさと》を歌おう」などが考えられるが，これは音楽的な感動や歌うこと（演奏すること・聴くこと）の喜びを体験することを通して，楽曲そのものの持つ美しさや良さを学ぶことがねらいとされる。

　歌唱授業においては，例えば，題材となる楽曲（教材）の歌詞を朗読して，歌詞の持つリズムや意味を考え，それが旋律や和声によってどのように音楽的に豊かに表現されているのかを考えながら楽曲を味わい歌唱表現を深めていく。このように1曲1曲を深めていく活動を通して，「音楽的な見方・考え方」を育てることができると考える。

　どちらの題材構成による活動も，楽曲との豊かな出会いを通して，音楽の美しさや喜びを伴った感動体験が大切である。また「音楽的な見方・考え方」は，様々である。子ども一人ひとりの「見方・考え方」を大切にし，それをクラスで共有し合える素敵な授業を目指して欲しい。教師の「見方・考え方」を押しつけるような授業展開は決してしてはならない。

（4）題材構成に際しての配慮事項

　以上，音楽科の題材構成について基本的な考え方を示した。最後に題材の構成に際して，注意すべき点について述べる。

①表現領域と鑑賞領域との関連，また歌唱，器楽，音楽づくりの表現活動間の関連を考えて題材を構成すること。
②年間の計画を見通して，各題材間における各領域や分野の関連を図りながら題材を構成すること。
③子どもの（音楽的な）発達段階や，音楽経験，音楽的な興味関心を踏まえて題材を構成すること。
④子どもにどのような「音楽的な見方・学び方」が身につけたいのか，具体的な子どもの姿や学びを想定して題材を構成すること。
⑤子どもの学びに対する教師の具体的な支援を想定しながら題材を構成すること。

（瀧川　淳）

2. 年間指導計画

(1) 教育課程における指導計画

① 教育課程（カリキュラム）とは

　学校は，意図的・計画的に子どもを教育する機関である。その実現のために，各学校で教育課程が編成され，指導計画が作成される。

　この教育課程は，「カリキュラム curriculum」の訳語だが，本来カリキュラムは，古代ギリシアの戦車競技の「走路」を語源とし，ここから人々の経験の「履歴」という意味を内包するに至った。このことから考えると，カリキュラム（教育課程）を編成することは，外から強制的に敷いたレールの上に子どもたちを走らせるといった考え方ではなく，子ども一人ひとりの「学びの経験の総体」をデザインするという考え方で編成されることが望ましい。子ども一人ひとりが，教師と，そして子どもたち同士で，音楽とどのように出会うのか，また音楽的な経験をどのように積み重ねていくのか，さらには経験したことをどのように振り返るのか，ということを常に第一義に考えながら編成されることで，「主体的・対話的で深い学び」が保障され，「音楽的な見方・考え方」が培われると考える。

　以上の考え方を踏まえた上で，次に，学習指導要領改訂の趣旨と指導計画について概観する。

② 学習指導要領改訂の趣旨と指導計画

　平成29年の学習指導要領改訂は，下記の基本的方針に基づいて行われた。

（ア）子どもたちの資質・能力を一層確実に育成し，また「社会に開かれた教育課程」を重視する。

（イ）これまでの枠組みや教育内容を維持した上で，知識の質をさらに高め，確かな学力を育成する。

（ウ）道徳教育の充実や体育活動の重視，また豊かな心や健やかな体を育成する。

　以上の方針を実現するために，これまでの「生きる力」を踏襲しつつ，より具体的な資質・能力を三本の柱としてまとめ，次の通り提示した。

（ア）「知識及び技能」（何を理解しているか，何ができるか）

（イ）「思考力，判断力，表現力等」（理解していること・できることをどう使うか）

（ウ）「学びに向かう力，人間性等」（どのように社会・世界と関わり，よりよい人生を送るか）

　さらに，この資質・能力の獲得と，生涯にわたって能動的に学び続ける子どもたちを育てるために「主体的・対話的で深い学び」の実現に向けた授業改善の推進が求められている。またそのためには教育課程に基づき組織的かつ計画的にカリキュラム・マネジメントに努める必要がある。指導計画の作成は，その要であると言える。

(2) 音楽科における年間指導計画

　音楽科の指導計画には，6年間を見通した指導計画，年間指導計画，学期ごとの指導計画や月ごとの指導計画，また各題材の指導計画（学習指導案），各授業の指導計画（学習指導案）などがあるが，特に決まったフォーマットはない。

　この内，年間指導計画は，学習指導要領に示された教科の目標や各学年の目標，内容に即して，学年ごとに作成される。ほとんどの場合，マトリックス表の形式で書かれ，年間を通した題材や教材の配列，また表現及び鑑賞の活動内容や共通事項との関わりが示される。

　マトリックス表を作成することによって，題

材間の指導事項がきちんと網羅されているか，音楽活動や領域に偏りがないか，題材と共通事項の関わりなど，それぞれの関連性・発展性が考慮されているかを確認することができる。

① 指導計画を作成する上での留意点

指導計画の作成に当たっては，小学校学習指導要領音楽編の第3「指導計画の作成と内容の取り扱い」に示されている留意点を押さえておく必要がある。

(1) 題材など内容や時間のまとまりを見通して，その中で育む資質・能力の育成に向けて，児童の主体的・対話的で深い学びの実現を図るようにすること。その際，音楽的な見方・考え方を働かせ，他者と協働しながら，音楽表現を生み出したり音楽を聴いてそのよさなどを見いだしたりするなど，思考，判断し，表現する一連の過程を大切にした学習の充実を図ること。

(2) 第2の各学年の内容の「A表現」の(1)，(2)及び(3)の指導については，ア，イ及びウの各事項を，「B鑑賞」の(1)の指導については，ア及びイの各事項を適切に関連させて指導すること。

(3) 第2の各学年の内容の〔共通事項〕は，表現及び鑑賞の学習において共通に必要となる資質・能力であり，「A表現」及び「B鑑賞」の指導と併せて，十分な指導が行われるよう工夫すること。

(4) 第2の各学年の内容の「A表現」の(1)，(2)及び(3)並びに「B鑑賞」の(1)の指導については，適宜，〔共通事項〕を要として各領域や分野の関連を図るようにすること。

(5) 国歌「君が代」は，いずれの学年においても歌えるよう指導すること。

(6) 低学年においては，第1章総則の第2の4の(1)を踏まえ，他教科等との関連を積極的に図り，指導の効果を高めるようにするとともに，幼稚園教育要領等に示す幼児期の終わりまでに育って欲しい姿との関連を考慮すること。特に，小学校入学当初においては，生活科を中心とした合科的・関連的な指導や，弾力的な時間割の設定を行うなどの工夫をすること。

(7) 障害のある児童などについては，学習活動を行う場合に生じる困難さに応じた指導内容や指導方法の工夫を計画的，組織的に行うこと。

(8) 第1章総則の第1の2の(2)に示す道徳教育の目標に基づき，道徳科などとの関連を考慮しながら，第3章特別の教科道徳の第2に示す内容について音楽科の特質に応じて適切な指導をすること。

以上のうち，平成29年に改訂された学習指導要領で新設，もしくは変更された点は次のとおりである。

まず(1)が新設されている。指導計画を作成する際には，「音楽に対する感性を働かせ，生活や社会の中の音や音楽，音楽文化と豊かに関わる」資質・能力の育成を目指し，題材など内容や時間のまとまりを見通しながら，「主体的・対話的で深い学び」の実現が目指されなければならない。特に「深い学び」の実現の鍵となるのは「音楽的な見方・考え方（音楽に対する感性を働かせ，音や音楽を，音楽を形づくっている要素とその働きの視点で捉え，自己のイメージや感情，生活や文化などと関連づけること）」を学びの過程で働かせるよう留意することが重要である。

(4)も新設された項目だが，〔共通事項〕を要として各領域や分野を有機的に関連づけることについては，〔共通事項〕そのものが新設された平成20年告示の学習指導要領にも示されている。〔共通事項〕を要とした有機的な関連は，一題材の学習過程の中だけではなく，年間を見通して，各題材間における各領域や分野の関連性を図ることが重要である。

(6)においては，これまでも低学年の指導計画を作成する際には，生活科を中心とした他教科の関連が示されていたが，それに加え，「幼稚園教育要領等に示す幼児期の終わりまで

に育ってほしい姿」との関連が示された。つまり，子どもの音楽的成長に関して，幼児期からの発展性を踏まえ，低学年の子どもたちが，各自の「音楽的な見方・考え方」を働かせながら「主体的・対話的で深い学び」を実現できるか常に考慮しながら指導計画を立てなければならない。さらに，低学年の指導計画の作成においては，幼児期との発展性だけでなく，その後の中学年以降の教育との円滑な接続が図られなければならない。

　また，（7）で障害のある子どもに対しての指導内容や指導方法の工夫が新たに明記された。これは，障害者の権利に関する条約に掲げられたインクルーシブ教育システムの構築が目指されたことと関連している。通常の学級においても，発達障害を含む障害のある子どもが在籍する可能性がより一層増すが，一人ひとりの教育的ニーズに応じた指導や支援を行う配慮が必要となってくる。音楽科における配慮とは，音楽を形づくっている要素の聴き取りが難しい場合には，身体表現を加えて，要素の表れ方を視覚化，動作化する。多声部の楽譜では，各パートを色分けしたり，拡大楽譜を用いたりする，などが考えられる。

② 指導計画を作成する上での内容の取り扱いについて

　指導内容については，以下の点について特に留意し指導計画を作成する。
①言語活動については，これまで「B鑑賞」で明記されていたが，今回の改訂では「A表現」の指導においても扱うよう充実が図られた。〔2（1）ア〕
②子どもたちが様々な感覚を働かせて音楽への理解を深めたり，主体的に学習に取り組むことができるようにするため，コンピュータや教育機器の取り扱いが新設された。〔2（1）ウ〕
③子どもや学校，地域の実態に応じて，生活や社会の中の音や音楽と豊かに関わることが明確化された。〔2（1）エ〕
④知的財産に関する記述が充実し，著作者の創造性を尊重する態度の育成が，音楽文化の継承，発展，創造を支えているという理解につながる指導を行うよう明記された。〔2（1）オ〕
⑤我が国や郷土の音楽の学習の充実が図られるとともに，それの指導では，曲に合った歌い方や楽器の演奏の仕方などの指導方法を工夫するよう示された。またこれまで第5学年及び第6学年で取り上げるよう示されていた和楽器については，旋律楽器として第3学年及び第4学年で取り扱うよう変更された。〔2（3），（4）ア，（5）ウ〕

　以上，ここまで小学校学習指導要領音楽編から指導計画を作成する上で留意すべき点について述べた。

③ 指導計画作成の基本的な考え方と方法

　音楽科の年間指導計画は，他の教科同様，学年ごとやクラスごとに，題材，目標，教材，主な指導内容や取り扱う時間数等が具体的に記され，年間を通した学習全体を見通すことができるようになっている。基本的には，学習指導要領の趣旨を踏まえ，各学校の教育目標の達成を目指して編成された教育課程に基づいて，各学校の創意工夫のもとに作成される。つまり年間指導計画は，各学校の教育目標を達成するための計画表のようなものである。音楽科においても，指導を実際に進めるには，年間の指導計画がその根幹となることを忘れてはならない。

　それでは，以下に具体的な作成手順について述べる。

1) 各学年の目標を設定する

　音楽科の学習指導要領には，学年の目標が2学年ごとに示されている。各学校の子どもたちの実態なども考慮し，2年間の目標が達成できるよう学年ごとの目標を設定する。

2) 題材を配列し，題材名・題材の目標を設定する

　題材については本書18〜19ページを参照してほしい。学校や子どもの実態を踏まえ，学習の系統性や発展性を検討して，年間指導計画に位置づける。題材名は，子どもにも活動が見え

るよう具体的な記述を工夫する。

3）各題材の時間数を設定する

年間の標準授業時間数から学期別，月別の時間数を考え，各題材に配分する授業時間数を決定する。なお，音楽科の年間の標準授業時間数は，第1学年が68時間，第2学年が70時間，第3・4学年が60時間，第5・6学年が50時間となっている。

4）題材の指導目標を決定する

各題材の指導目標は，「知識及び技能」，「思考力，表現力，判断力等」，「学びに向かう力，人間性等」から設定する。また「音楽的な見方・考え方」が働かせられるよう留意することも大切である。

5）教材を選ぶ

単に楽曲を歌う，演奏するだけの楽しい活動になってしまえば，その楽曲は教材とは言えない。各題材の目標を達成するために最も適した楽曲を選択し，それの教材性を教師がしっかりと押さえておく必要がある。そのために必要なのが教材研究である。子どもたちの実態を踏まえて，目標を達成するために教科書教材のみでは不十分と考える場合，その他の楽曲（教材）を組み合わせて指導するといった取り組みが必要になってくる。

6）指導内容の決定

題材の目標を達成するための学習内容と，学習指導要領に示された内容との関連性を明記する。大抵は，マトリックス表で示され，各題材の内容が，指導要領のどの内容に関わっているのかがわかるよう，該当箇所に○や◎が記されていることが多い。

7）題材の評価規準

各題材とも評価の観点ごとに具体的な評価規準を設定する。

参考までに，年間指導計画例を24～25ページに示す（出典：教育出版ホームページ「小学校・音楽・学習資料・指導資料，指導計画・評価関連資料」の令和2年度版年間指導計画資料「第4学年」から引用し，適宜，筆者が改編）。

教育実習では，一つひとつの授業の計画である学習指導案に重きが置かれ，年間指導計画を意識することはほとんどないのが実情であろう。しかしながら，年間の指導計画が立てられるからこそ，子どもたちに系統的で発展的な音楽的学びを保証できるのである。年間指導計画については，各教育委員会や教科書を作成する出版社などで多くの例がみられる。それらを参考にしながら，学校や目の前にいる子どもたちの姿を考慮して，「主体的・対話的で深い学び」が実現できる年間指導案を作成してほしい。

（瀧川　淳）

〈文献〉

秋田喜代美・佐藤学編著（2006）『新しい時代の教職入門』有斐閣アルマ

文部科学省（2017）『小学校学習指導要領解説総則編』

文部科学省（2017）『小学校学習指導要領解説音楽編』

教育出版ホームページ：小学校音楽「令和2年度版年間指導計画資料第4学年」（https://www.kyoiku-shuppan.co.jp/2020shou/ongaku/category04/download.html#download_00）

第4学年 音楽科年間指導計画例

令和2年度版「小学音楽 音楽のおくりもの4」に準拠して、教育出版社のホームページに掲載されている指導計画例を筆者が一部改編した

扱い月	扱い時数 年間計 60	題材名等	題材の目標等	学習のねらい	
4	随時	〔巻頭教材〕	(1) 曲想と旋律のもつリズムなど音楽の構造との関わりや曲想と歌詞の内容との関わりに気付くとともに、互いの歌声や伴奏を聴いて声を合わせて歌う技能を身に付ける。 (2) 曲想と旋律のもつリズムを聴き取り、それらが生み出すよさを感じ取りながら、聴き取ったことと感じ取ったこととの関わりについて考え、曲の特徴を捉えた表現を工夫し、どのように歌うかについて思いや意図をもつ。 (3) 曲想を生かした表現に興味をもち、音楽活動を楽しみながら、主体的・協働的に学習活動に取り組み、歌唱表現に親しむ。		
	毎時	〔スキルアップ〕	(1) 曲想と旋律など音楽の構造との関わりやリズムフレーズのつなげ方や重ね方について気付くとともに、呼吸及び発音に気を付けて、自然で無理のない声で歌う技能、音楽の仕組みを用いて音楽をつくる技能を身に付ける。 (2) 旋律や旋律、音の重なりを聴き取り、それらが生み出すよさや面白さを感じ取りながら、聴き取ったことと感じ取ったこととの関わりについて考え、曲に合った表現を工夫し、どのように歌うかについて思いや意図をもつ。 (3) 言葉の面白さを生かした表現に興味をもち、音楽活動を楽しみながら、主体的・協働的に学習活動に取り組み、輪唱やボイスアンサンブルに親しむ。	(歌声とリズムのトレーニング)	
	2	〈にっぽんのうた みんなのうた〉	(1) 曲想と旋律など音楽の構造との関わりや、曲想と歌詞の内容との関わりに気付くとともに、呼吸及び発音に気を付けて、自然で無理のない歌い方で歌う技能を身に付ける。 (2) 旋律の反復や変化、もととなる音階、楽器の音色を聴き取り、それらが生み出すよさや面白さを感じ取りながら、聴き取ったことと感じ取ったこととの関わりについて考え、曲の特徴を捉えた表現を工夫し、どのように歌うかについて思いや意図をもつ、等の音楽のよさを見いだして聴いたりする。 (3) 歌詞や曲想を生かした表現に興味をもち、音楽活動を楽しみながら、主体的・協働的に学習活動に取り組み、日本のうたに親しむ。		
5	4	歌声ひびかせて	(1) 曲想と旋律など音楽の構造との関わりに気付くとともに、互いの歌声や伴奏を聴いて声を合わせて歌う技能を身に付ける。 (2) 歌声や旋律を聴き取り、それらの働きが生み出すよさや面白さを感じ取りながら、聴き取ったことと感じ取ったこととの関わりについて考え、歌声や旋律のよさや楽しさを見いだしてミュージカルの音楽を聴く。 (3) いろいろな歌声やその表現に興味をもち、音楽活動を楽しみながら、主体的・協働的に学習活動に取り組み、ミュージカルの音楽に親しむ。	声合いながら楽しく歌おう いろいろな歌の表げんを楽しもう	
6 7	6	ひょうしとせんりつ	(1) 曲想と拍やその流れなど音楽の構造との関わりに気付くとともに、互いの歌声や音・伴奏を聴いて声を合わせて歌ったり、音を合わせて楽器を演奏したりする技能を身に付ける。 (2) 拍やその流れ、旋律、強弱を聴き取り、それらの働きが生み出すよさを感じ取りながら、聴き取ったことと感じ取ったこととの関わりについて考え、曲の特徴を捉えた表現を工夫し、どのように歌うかについて思いや意図をもつ、曲のよさを見いだして聴いたりする。 (3) 拍子とその違いに興味をもち、音楽活動を楽しみながら、主体的・協働的に学習活動に取り組み、いろいろな拍子に親しむ。	はくの流れやせんりつの感じを生かしてえんそうしよう 2びょうしを感じてしきをしてみよう ひょうしのちがいを感じてはくの流れにのって歌おう	
	2	〈音のスケッチ〉	(1) 音の動き方の特徴について、それらの生み出すよさや面白さなどと関わらせて気付くとともに、音楽の仕組みを用いて音楽をつくる技能を身に付ける。 (2) 音の動き方やフレーズのつなげ方を聴き取り、それらの働きが生み出すよさを感じ取りながら、聴き取ったことと感じ取ったこととの関わりについて考え、どのようにまとまりを意識した音楽をつくるかについて思いや意図をもつ。 (3) 音の動きの生み出すフレーズの特徴に興味をもち、音楽活動を楽しみながら、主体的・協働的に学習活動に取り組み5音をもとにした音楽づくりに親しむ。	音の動き方を生かしてせんりつをつくろう	
	1	〈にっぽんのうた みんなのうた〉	(1) 曲想と旋律など音楽の構造との関わりや曲想と歌詞の内容との関わりに気付くとともに、互いの歌声や伴奏を聴いて声を合わせて歌う技能を身に付ける。 (2) 旋律の流れを聴き取り、それらの働きが生み出すよさや面白さを感じ取りながら、聴き取ったことと感じ取ったこととの関わりについて考え、曲の特徴を捉えた表現を工夫し、どのように歌うかについて思いや意図をもつ。 (3) 曲想を生かした表現に興味をもち、音楽活動を楽しみながら、主体的・協働的に学習活動に取り組み、日本のうたに親しむ。		
9	毎時	〔めざせ楽器名人〕	(1) リコーダーの音色と演奏の仕方との関わりに気付くとともに、音色と響きに気を付けて、互いの音と副次的な旋律、伴奏を聴き、音を合わせて演奏する技能及びサミングの技能を身に付ける。 (2) 旋律や旋律同士の関わりを聴き取り、それらの働きが生み出すよさや面白さを感じ取りながら、聴き取ったことと感じ取ったこととの関わりについて考え、曲の特徴を捉えた表現を工夫し、どのように演奏するかについて思いや意図をもつ。 (3) 高音の響きやリコーダーによる表現に興味をもち、音楽活動を楽しみながら、主体的・協働的に学習活動に取り組み、リコーダーや二重奏・二部合奏に親しむ。	サミングにちょう戦しよう	
	4	曲に合った歌い方	(1) 曲想と旋律など音楽の構造との関わりや、曲想と歌詞の内容との関わりに気付くとともに、呼吸及び発音に気を付けて、自然で無理のない歌い方で歌う技能を身に付ける。 (2) 旋律の流れや音の重なりを聴き取り、それらの働きが生み出すよさや面白さを感じ取りながら、聴き取ったことと感じ取ったこととの関わりについて考え、曲の特徴を捉えた表現を工夫し、どのように歌うかについて思いや意図をもつ。 (3) 曲想を生かした歌唱表現に興味をもち、音楽活動を楽しみながら、主体的・協働的に学習活動に取り組み、日本のうたに親しむ。	ひびきを大切にして歌い方をくふうしよう せんりつの特ちょうを生かして歌おう	
10	3	かけ合いと重なり	(1) 曲想と旋律など音楽の構造との関わりに気付く。 (2) 楽器の音のかけ合いと重なり、旋律の反復と変化を聴き取り、それらの働きのよさや美しさを感じ取りながら、聴き取ったことと感じ取ったこととの関わりについて考え、曲のよさを見いだし、曲全体を味わって聴く。 (3) 楽器による呼びかけ合いや重なり、楽器の響きを楽しみながら、主体的・協働的に学習活動に取り組み、オーケストラの響きに親しむ。	かけ合い重なりのおもしろさを味わおう	
11	2	〈にっぽんのうた みんなのうた〉	(1) 曲想と旋律など音楽の構造との関わりに気付くとともに、互いの歌声や副次的な旋律、伴奏を聴いて、声を合わせて歌う技能を身に付ける。 (2) 旋律や旋律同士の関わりを聴き取り、それらの働きが生み出すよさや面白さを感じ取りながら、聴き取ったことと感じ取ったこととの関わりについて考え、曲の特徴を捉えた表現を工夫し、どのように歌うかについて思いや意図をもつ。 (3) 歌詞や曲想を生かした表現に興味をもち、音楽活動を楽しみながら、主体的・協働的に学習活動に取り組み日本のうたや合唱に親しむ。		
12	6	音楽今昔	(1) 曲想と旋律など音楽の構造との関わりや曲想と歌詞の内容との関わりに気付くとともに、互いの歌声や副次的な旋律、伴奏を聴いて、声を合わせて歌う技能を身に付ける。 (2) 旋律や旋律同士の関わりを聴き取り、それらの働きが生み出すよさを感じ取りながら、聴き取ったことと感じ取ったこととの関わりについて考え、曲の特徴を捉えた表現を工夫し、どのように歌うかについて思いや意図をもつ。 (3) 歌詞や曲想、声部の役割を生かした表現に興味をもち、音楽活動を楽しみながら、主体的・協働的に学習活動に取り組み、日本のうたや合唱に親しむ。	伝えられてきた歌を楽しもう おはやしのリズムを楽しもう 世界に伝わるいろいろなリズムや歌を楽しもう サンバのえんそうを楽しもう	
	2	〈音のスケッチ〉	(1) いろいろな音階の特徴について、それらの生み出すよさや面白さなどと関わらせて気付くとともに、発想を生かした表現をするために必要な、設定された条件に基づいて即興的に音を選択して表現する技能を身に付ける。 (2) 旋律や旋律のもととなる音階を聴き取り、それらの働きが生み出すよさや、音階による旋律の雰囲気の違いを感じ取りながら、聴き取ったことと感じ取ったこととの関わりについて考え、どのようにまとまりを意識した音楽をつくるかについて思いや意図をもったりする。 (3) 日本に伝わる音楽の音階をもとにした旋律づくりに興味をもち、音楽活動を楽しみながら、主体的・協働的に学習活動に取り組み日本の旋律に親しむ。	音階をもとにして音楽をつくろう	
1	3	アンサンブルの楽しさ	(1) 曲想と旋律など音楽の構造との関わりに気付くとともに、音色と互いの音を聴き、音を合わせて演奏する技能を身に付ける。 (2) フレーズの呼びかけ合いや重なりを聴き取り、それらの働きが生み出すよさや面白さを感じ取りながら、聴き取ったことと感じ取ったこととの関わりについて考え、曲の特徴を捉えた表現を工夫し、どのように演奏するかについて思いや意図をもつ。 (3) 曲想や各声部の役割に合った表現に興味をもち、音楽活動を楽しみながら、主体的・協働的に学習活動に取り組み、タンゴの音楽や合唱奏に親しむ。	パートの役わりを生かして生き生きとえんそうしよう	
2	3	ききどころを見つけて	(1) 曲想と旋律など音楽の構造との関わりに気付く。 (2) 楽器の音色、旋律の特徴や反復と変化、強弱や速度の変化を聴き取り、それらの働きが生み出すよさや美しさを感じ取りながら、聴き取ったことと感じ取ったこととの関わりについて考え、曲のよさを見いだし、曲全体を味わって聴く。 (3) 楽器の音色、旋律の特徴や反復と変化に興味をもち、音楽活動を楽しみながら、主体的・協働的に学習活動に取り組み、オーケストラの響きに親しむ。	曲の流れを感じ取り、全体を味わってきこう	
	2（選択）	わたしたちの表げん	(1) 曲想と旋律など音楽の構造との関わりや、曲想と歌詞の内容との関わりに気付くとともに、互いの歌声や音、伴奏を聴き、声や音を合わせて演奏する技能を身に付ける。 (2) 歌声や音の重なりを聴き取り、それらの働きが生み出すよさや美しさを感じ取りながら、聴き取ったことと感じ取ったこととの関わりについて考え、曲の特徴を捉えた表現を工夫し、どのように歌うや演奏するかについて思いや意図をもつ。 (3) 声や音を合わせて演奏することに興味をもち、音楽活動を楽しみながら、1年間の学習を生かして、主体的・協働的に学習活動に取り組み、合唱や二重奏・二部合奏に親しむ。	気持ちを合わせて美しいひびきでえんそうしよう	
3	3	〈音のスケッチ〉	(1) 音やフレーズの働き方、全体の構成や各声部の役割について、それらの生み出すよさや面白さに関わらせて気付くとともに、発想を生かした表現をするために必要な、設定された条件に基づいて、即興的に音を選択する技能を身に付ける。 (2) フレーズの呼びかけや合いの手、支えとなる音を聴き取り、それらの働きが生み出すよさや面白さを感じ取りながら、聴き取ったことと感じ取ったこととの関わりについて考え、どのようにまとまりを意識した音楽づくりの発想を得たり、どのようにまとまりを意識した音楽をつくるかについて思いや意図をもったりして表現を工夫する。 (3) 役割を生かした音楽づくりに興味をもち、音楽活動を楽しみながら、主体的・協働的に学習活動に取り組み、6音をもとにした音楽づくりに親しむ。	役わりをもとに音楽をつくろう	
	2	〔いろいろな歌声を楽しもう〕	(1) 曲想と、歌声や旋律など音楽の構造との関わりに気付く。 (2) 歌声や旋律、伴奏を聴き取り、それらの働きが生み出すよさや美しさ、面白さを感じ取りながら、聴き取ったことと感じ取ったこととの関わりについて考え、演奏のよさを見いだして聴く。 (3) いろいろな歌声やその表現に興味をもち、音楽活動を楽しみながら、主体的・協働的に学習活動に取り組み、歌劇の音楽に親しむ。	いろいろな歌声を楽しもう	
	随時	〔ことのみりょく〕	(1) 箏の音色と演奏の仕方との関わりに気付くとともに、音色と響きに気を付けて、演奏する技能を身に付ける。 (2) 箏の音色や旋律を聴き取り、それらの働きが生み出すよさや美しさを感じ取りながら、聴き取ったことと感じ取ったこととの関わりについて考え、曲の特徴を捉えた表現を工夫し、どのように演奏するかについて思いや意図をもつ。 (3) 箏に興味をもち、音楽活動を楽しみながら、主体的・協働的に学習活動に取り組み、我が国の楽器や音楽に親しむ。		
随時		〔音楽ランド〕	（各題材の発展や補充、行事や他教科との関連）		
				（全校合唱）	
		〈にっぽんのうた みんなのうた〉		きせつの うた	
	2				

教材名 ◆共通教材 ○鑑賞 ☆音楽づくり	学習指導要領の内容との関連（例）																	〔共通事項〕	
	A 表現															B 鑑賞			
	歌唱					器楽					音楽づくり					鑑賞			
	ア	イ	ウ			ア	イ	ウ			ア	イ	ウ			ア	イ	ア	イ
	歌唱表現の創意工夫（思・判・表）	曲想と音楽の構造や歌詞の内容との関わり（知）	(ア)聴唱・視唱（技）	(イ)呼吸・発音・自然で無理のない響きのある歌い方（技）	(ウ)声を合わせて歌う（技）	器楽表現の創意工夫（思・判・表）	(ア)曲想と音楽の構造との関わり（知）	(イ)楽器の音色や響きと奏法との関わり（知）	(ウ)聴奏・視奏（技）	(エ)音色や響きに気をつけた演奏（技）	(ウ)音を合わせて演奏する（技）	(ア)即興的な表現の創意工夫（思・判・表）	(イ)まとまりのある音楽をつくる創意工夫（思・判・表）	(ア)響きや組み合わせの特徴（知）	(イ)音やフレーズのつなげ方や重ね方の特徴（知）	(ウ)設定した条件に基づいた即興的な表現の技（技）	曲や演奏のよさを見いだし、曲全体を味わって聴くこと（思・判・表）	曲想及びその変化と音楽の構造との関わり	音楽を形づくっている要素とそれらの関わり	音符や休符、記号や音楽に関わる用語について、音楽における働きと関わらせた理解
TODAY	○	○	○	○	○													(旋律／リズム)	
早口	○	○	○															(拍／リズム／音色／音の重なり／速度／強弱)	
☆早口言葉でラップを楽しもう！												○	○	○	○				
◆さくら さくら	○	○		○														(旋律／音階／音色)	
○さくら変そう曲																	○	○	
ブパポ	○	○		○														音色／フレーズ／縦と横との関係／旋律	音色／フレーズ／縦と横との関係／旋律／付点8分音符／16分音符／シャープ／ナチュラル／タイ
○ミュージカル「サウンド オブ ミュージック」から																			
エーデルワイス	○	○	○	○	○													拍／フレーズ／速度／強弱	拍／フレーズ／速度／強弱／4分の2拍子／4分の4拍子／4分の3拍子
トルコ行進曲																	○	○	
メリーさんの羊																			
ラバーズ コンチェルト																			
メヌエット																			
☆音の動き方を生かしてせんりつをつくろう												○	○	○	○			旋律／フレーズ	旋律／フレーズ
◆まきばの朝	○	○	○	○														(旋律)	
ハロー サミング						○		○										(音色／旋律／縦と横との関係)	
「もののけ姫」から						○	○	○											
ゆかいに歩けば	○																	旋律／音色／フレーズ／呼びかけとこたえ／強弱	旋律／音色／フレーズ／呼びかけとこたえ／強弱／スタッカート／クレシェンド／デクレシェンド
とんび	○	○																	
○「水上の音楽」から アラ ホーンパイプ																	○	音色／旋律／呼びかけとこたえ／反復／変化／音の重なり	音色／旋律／呼びかけとこたえ／反復／変化／音の重なり
◆もみじ	○	○	○	○														(旋律／縦と横との関係／音色)	(全休符（発展))
ソーラン節						○	○	○	○	○								旋律／音色／呼びかけとこたえ／リズム／反復／音の重なり	旋律／音色／呼びかけとこたえ／リズム／反復／音の重なり／くり返し記号
ソーラン節	○	○	○	○															
☆おはやしづくりにチャレンジ																			
秩父屋台ばやし／葛西ばやし	○	○	○	○															
サムルノリ／サンバの音楽																			
朝の歌	○	○																	
おどれサンバ											○								
☆音階から音楽をつくろう												○	○	○	○				
ラ クンパルシータ						○	○	○	○										
○ノルウェー舞曲 第2番																	○	フレーズ／呼びかけとこたえ／縦と横との関係	フレーズ／呼びかけとこたえ／縦と横との関係
こきょうの春	○	○	○															(今まで学んだものを生かす)	
グッデー グッバイ	○	○	○	○	○														
☆役わりをもとに音楽をつくろう												○		○	○			(音色／旋律)	
○歌げき「魔笛」から																	○	(音色／旋律)	
さくらさくら						○	○	○	○										
I Love the Moutains／半月／沖永良部の子守歌／まきばのこうし／飛べよツバメ／札幌の空	○	○	○	○	○														
カルーヨ／魔法のすず																			
音楽のおくりもの／さんぽ	○	○																	
どこかで春が／みかんの花さくおか／里の秋	○	○																	
校歌・君が代	○			○															

3. 評価の観点

(1) 評価とは

　学校における活動は，常に何らかの評価を伴う。教育活動は，極論すれば，計画・実践・「評価」の連続によって営まれていると言える。ところで，小学校での評価と聞いて思い浮かべるものはまず通知表（通信簿）だろう。しかし学校が作成する学習の評価に関わるものとしては，その他にも「指導要録」，「調査書（内申書）」，「指導計画」，「評価規準」などがある。では，そもそも評価は何のためになされるのだろうか。また評価は児童たちだけを対象に行われるものだろうか。

　文部科学省では，学習評価は「学校における教育活動に関し，子どもたちの学習状況を評価するもの」であり，評価を行うに当たっては「子どもたち一人一人に学習指導要領の内容が確実に定着するよう，学習指導の改善につなげていくことが重要である」との考え方を示している（「児童生徒の学習評価のあり方について（報告）」平成22年1月教育課程部会報告）。また小学校学習指導要領総則編（第3教育課程の実施と学習評価2学習評価の充実）には「…前略… 学習の過程や成果を評価し，指導の改善や学習意欲の向上を図り，資質・能力の育成に生かすようにする」ことと明記されている。つまり学校における評価は，学習対象である児童一人ひとりの学びの軌跡を明示化するだけでなく，教師がより良い授業を目指して，自らの実践を振り返り，向上させるためにも行われるものである。学習指導と学習評価は，PDCAサイクル（Plan［計画］→ Do［実行］→ Check［評価］→ Act［改善］）によって一体化が図られなければならないということを常に念頭においてほしい。それでは次に音楽科における児童の教育評価について述べる。

(2) 音楽科の目標と評価

　本改訂の学習指導要領において，これまでの音楽科の目標と内容は，「知識及び技能」，「思考力，判断力，表現力等」，「学びに向かう力，人間性等」の3つの柱に基づいて整理された（本書11ページ参照）。

　学習評価を行う際には，おおよそ次の理由から，目標に準拠して実施する観点別学習状況の評価を基本とする。つまり，1) 学習指導要領に示した内容を確実に習得したかどうかの評価を一層徹底するためであり，2) 子ども一人ひとりの進歩の状況や教科の目標の実現状況を的確に把握し，学習指導の改善に生かすためであり，3) 子ども一人ひとりの習熟の程度に応じた指導など，個に応じた指導を一層重視するため，である。

(3) 音楽科の評価の観点

　平成22年5月の指導要録通知で，音楽科の評価の観点は下記表左の通り4観点に設定された。この4観点は，平成31年3月に報告された「児童生徒の学習評価の在り方について」によって本改訂の学習指導要領で整理された3つの柱に基づいて，表右の3観点に設定された。なお，矢印は，旧・現の対応関係を示している。

学習評価の4観点	学力の3要素
・音楽への関心，意欲，態度 ・音楽表現の創意工夫 ・音楽表現の技能 ・鑑賞の能力	・知識及び技能 ・思考力，判断力，表現力等 ・主体的に学習に取り組む態度

「各教科等・各学年等の評価の観点及びその趣旨」（文部科学省，2019）には，この3観点に基づいた評価の観点及びその趣旨が以下の通り示されている。

知識・技能	思考・判断・表現	主体的に学習に取り組む態度
・曲想と音楽の構造などとの関わりについて理解している。 ・表したい音楽表現をするために必要な技能を身に付け，歌ったり，演奏したり，音楽をつくったりしている。	音楽を形づくっている要素を聴き取り，それらの働きが生み出すよさや面白さ，美しさを感じ取りながら，聴き取ったこととの関わりについて考え，どのように表すかについて思いや意図をもったり，曲や演奏のよさを見だし，音楽を味わって聴いたりしている。	音や音楽に親しむことができるよう，音楽活動を楽しみながら，主体的・協働的に表現及び鑑賞の学習活動に取り組もうとしている。

（4）評価の方法

児童の活動を評価する方法（評価技法）として，演奏（実技）を評価する以外に，以下の4方法などが考えられる。これらの評価技法は，評価の目的や観点，また学習の状況に応じて適宜，選択されなければならない。

① ペーパーテストは，（1）客観テスト（①再認テスト，②再生テスト）と，（2）記述式テスト（①単文体テスト，②自由記述形式）に分けられる。音楽科の授業においてペーパーテストはあまり馴染まないかもしれないが，子どもたちが学んだ音楽的な知識を確認する際に用いることができよう。

② パフォーマンス評価は，（1）観察法と，（2）作品法に分けられる。観察法は，作品として残らない学習活動やその成果を評価する場合に用いられるとされるが，例えば，子どもが練習している姿や演奏している姿なども観察法によって評価される。作品法は，例えばレポートやワークシートなど子どもの学習結果を評価する方法である。

③ 自己評価・相互評価とは，子どもが自分自身で評価したり，子ども同士で評価することである。それの目的のひとつは子どもに主体的な態度を持たせることとされる。例えば，子ども同士のグループワークの中での話し合いや，振り返り活動時に，自らのグループが工夫した点や他のグループの良かった点を発表させたり，記述させる例が考えられる。「主体的・対話的で深い学び」の視点からも自己評価や相互評価は重要であろうし，「主体的に学習に取り組む態度」を評価する上でも一人ひとりの自己評価は欠かせない。

④ ポートフォリオ評価は，子どもの作品をファイル化して保存する評価方法である。例えば，年間を通して歌ったり演奏したりした楽曲の録音を1枚のCDにまとめたり，鑑賞ノートを一つにまとめたりすることで，子どもの1年間の学びの軌跡を明らかにすることができる。

（瀧川　淳）

〈参考〉
文部科学省（2019）「小学校，中学校，高等学校及び特別支援学校等における児童生徒の学習評価及び指導要録の改善等について（通知）」(https://www.mext.go.jp/b_menu/hakusho/nc/1415169.htm)

文部科学省（2019）「各教科等・各学年等の評価の観点及びその趣旨」(https://www.mext.go.jp/component/b_menu/nc/__icsFiles/afieldfile/2019/04/09/1415196_4_1_2.pdf)

国立教育政策研究所（2019）「学習評価の在り方ハンドブック（小・中学校編）」(https://www.nier.go.jp/kaihatsu/pdf/gakushuhyouka_R010613-01.pdf)

4. 音楽科の授業を構想する

(1) 学習指導案を作成する前に

学習指導案は，題材や指導目標の設定，評価の観点や規準など，決められた書式に則って作成されなければならない。しかし，教育実習の準備に入る前段階の学生たちに，初めから正規の書式で書かせると，決まりごとや整合性に縛られて，授業者としてどのような授業をつくりたいかという発想を曇らせてしまうことがある。そこで，正式な学習指導案を作成する前に，授業づくりのイメージがつかめるよういくつかのステップを踏む必要があると考える。

(2) 授業観察のすすめ

実際に学校現場に赴いて授業を観察し，観察記録をとったり，授業後に授業者から話を聞いたりする経験は，児童の学びの実態や授業の全体像を把握をするために必要不可欠である。授業観察は，同じ学級を継続して見たり，異なった学年や科目を観察して比較したり，目的に合った方法で複数回行えるとよいだろう。次ページに示す「授業観察記録の書式例」のように，「⑦観察した内容」を，「A 学習活動・内容」「B 教師の働き」「C 児童の行動・反応」「D（観察者の）気づき・疑問」の観点から時系列に記録していく。観察にあたっては，あらかじめ「⑥観察の着眼点」を決めておくとよい。例えば，児童の興味を引き出すために教師がどのような働きかけをしているか，それに対する児童の受け取り方や反応はどうか，といった着眼点で授業全体を観察し，観察者の気づきや疑問点を書きとめていくことができる。また，選ばれた教材の適性，板書や掲示資料，配布物，機器の利用，ワークシートの活用など，個々に注目する対象を決めてもいいだろう。観察記録を作成したら，他の観察者と意見交換をしてみよう。同じ授業の場面でも，見方によって観察した内容が異なることもあり，他の観察者と話し合うことで新たな視点が得られるだろう。このように授業観察を重ねながら，自ら構想する授業のイメージをつかんでいきたい。

(3) 授業を構想する

まず，自らが指導者としてどんな授業をしたいか，活動する児童の姿を思い浮かべながら題材を考えてみよう。この段階では，題材は具体的な曲から発想しても，具体的な活動（例えば，「手づくり楽器による合奏」「合唱によるハーモニーの響きの体験」など）から発想してもどちらでもよい。そして次ページに示す「学習指導計画の流れ」の例に従って，題材名，対象学年，指導目標を順番に書いていく。並行して「授業本番」（中央の枠）の学習活動を構想し，指導方法などについて検討を進める。

続いて「授業本番」の前後に何が必要かを考えてみよう。「授業前」では準備するもの（教具や資料など），教材研究，必要な指導技術について，「授業後」では振り返りや評価，次時にむけての課題などについて，具体的にシミュレーションしながら授業計画を明確にしていく。計画の段階で，指導目標や題材設定，教材は適切であるか，対象学年の児童が関心を持って取り組める内容になっているか，学習活動が身につけさせたい力と適合しているかなどを検討し，必要に応じて修正を加える。

(4) 学習指導要領と教科書から学ぶ

指導目標や題材を設定する際，学習内容が対象学年にふさわしいかを判断しなければならな

い。そのために学習指導要領によく目を通して，表現（歌唱，器楽，音楽づくり）と鑑賞の学習内容が，6年間でどのように進展するのかを把握しておく必要がある。また教科書からは，学年ごとの学習活動の内容について具体的な情報が得られ，指導方法の工夫についても読み取ることができるので，つねに教科書の各頁から学ぶ姿勢をもちたい。1～6学年の各冊を，例えば読譜力，歌唱教材の編成，用語の使い方，鑑賞における知覚・感受と知識の関係など，視点を決めて縦断的に見ていくと，6年間で身につけさせる力について見通しを立てることができる。音楽科の授業を構想する際，この6年間のスパンと各学年の特性の両方を視野に入れて授業計画を進めることが必要である。

　授業構想にあたっては，まず授業者自身が，児童といっしょに音楽を楽しむ場面を思い描けることが大切である。そして授業計画を実現させるために必要な指導技術や知識を，経験を通して一つ一つ修得してくことが望まれる。

○**授業観察記録の書式例**
① 　観察者の所属・氏名
② 　授業観察日時（年・月・日・曜日・○校時）
③ 　学校名・学年・学級（児童数○○名）
④ 　教科・題材名（単元名）
⑤ 　授業者（○○○○教諭）
⑥ 　観察の着眼点
⑦ 　観察した内容

A 学習活動・内容	B 教師の働き	C 児童の行動・反応	D（観察者の）気づき・疑問

⑧ 　感想や討議した内容

○**学習指導計画の流れ**（実際に教員養成課程2年の学生が記述したもの）
題材名　自然の音をつくろう　（第4学年）

指導目標
・自然と音のつながりを感じ，身近な音に対する感性をはぐくむ
・場面に合った音や音楽を表現する力を養う

授業前（準備するもの・教材研究・必要な指導技術）	授業本番（学習活動・指導方法）	授業後（振り返り・評価・次時にむけて）
・自然音を表現する音素材や楽器について情報を集め，写真や動画，音源を用意する。 ・授業で児童に提示する音の「テーマ」をいくつか考えておく。 　例：かえるの鳴き声，風に揺れる木の葉の音，川のせせらぎ，学校の中にある音… ・各テーマを音で表現するために必要な素材を用意する。 　例：あずき，ざる，コップ，空き缶，コイン，ストロー，マジックテープ，レジ袋…	・歌舞伎や能の舞台で自然音を表現している場面を映像で見せる（導入）。 ・「みんなもこんな風に音をつくってみよう」と学習課題を示す。 ・「テーマ」と「音素材」を例示する。 ・三～四人の班を編成し，どのテーマにするか決めさせる。 ・ワークシートを使ってテーマ，音素材，役割分担，表現方法について話し合いをさせる（テーマは一つ以上選んでもよい。音素材は適宜選ばせる）。 ・教師は児童の発想が表現活動に結びつくよう支援する。 ・班ごとに発表する（録画）。 ・発表者の意図や工夫した点，聴いた児童はどう感じたかなどについて，意見交換を図る。	・各班のワークシートの記述内容を把握する。 ・各班の発表の様子をまとめた動画を作成する。 ・学習活動のふりかえりのポイントを考える。 ・設定した指導目標と内容が適切であったか，児童の取り組みの様子から判断し，評価する。 ・普段の学校生活の中で生まれる音と今回の授業を結びつけ，学習の継続を図る。

（中嶋俊夫）

5. 指導案の書き方

> 何年生の指導案を作成するか。
> 歌唱，器楽，音楽づくり，鑑賞のうち，主としてどの活動領域の指導案とするかを決める。

第○学年　音楽科学習指導案

平成○○年○月○日　第○校時
授業者　○○　○○

1. 題材名

> どのような活動をするかがわかるような，あるいは学習のねらいがわかるような題材名とする。

2. 題材設定の理由

> ○児童や学級の実態，児童の興味・関心や，既習事項の定着状況など。
> ○なぜこの題材なのか，題材の意義，またこの題材にたいしてなぜこの教材を使うのかなど。
> ○指導上の留意点，指導の方法などを書く。

3. 題材の目標

> 本題材全体の目標を書く。評価の観点をふまえて考えるのがポイント。

4. 題材の指導計画（全　○時間）

> この題材を何時間で行うか。

第1次　　　　　　　　　　　……○時間（本時○／○）

> 本時が第1次の何時間目にあたるかを示す。

第2次　　　　　　　　　　　……○時間

5. 題材の評価規準

	知識・技能	思考・判断・表現	主体的に学習に取り組む態度
評価規準			

> 本時の学習活動が，上記の三つの観点のどこに対応しているかを考え，具体的に評価の内容を書く。

6. 本時の学習指導（　○／○時　）

（1）本時の目標　← 本時の目標を，一つあるいは二つに精選して簡潔に書く。本時の評価も念頭において書く。

（2）本時の展開

学習内容（○）と主な学習活動（・）	教師の働きかけ（●）と評価（★）
・児童が，どんな学習をするのかを，時間の流れとともに書く。 ・1コマの中の，導入・展開・まとめを意識する。 ・児童の立場で，具体的な学習内容・学習活動を簡潔に書く。	・教師の立場で，児童にどんな働きかけをするかを，具体的に書く。 ・全員の児童に，「何をどうしたらよいか」がはっきりと伝わるような発問や指示を考えて書く。 ・児童の学びのプロセスを想定し，段階的な学びのステップを積み重ねられるように，また児童どうしの交流や意見の共有ができるように配慮する。

（本多佐保美）

6. 指導案の例

指導案の例／① 歌唱

第4学年　音楽科学習指導案

平成○○年○月○日　第○校時
授業者　牛越　雅紀

1　題材名　　　様子を思い浮かべながら歌おう
　　教材名　　《もみじ》　文部省唱歌／高野 辰之 作詞／岡野 貞一 作曲

2　題材設定の理由
　歌詞や旋律などの特徴から様子を想像しながら歌うことを経験してきている子どもたちであるので，さらに楽曲のよさを感じ音楽の世界に浸り込んで，自分の思いを膨らませながら表情豊かに歌ってほしいと願っている。
　《もみじ》は日本の秋の素晴らしい情景が織り込まれ，あたかも目の前に美しい錦絵を見ているような感動を感じる曲である。（詳しくは6　教材研究を参照）指導にあたっては，視聴覚機器を用いて映像や写真を見たり実際に絵に描いたりする活動を取り入れ，子どもたちが歌詞に描かれている様子を想起しやすいようにする。合唱に取り組む場面では，階名唱をして旋律の動きをつかみ，カノンの面白さや旋律の重なる美しさを感じ取らせたい。
　秋の季節の今，まさに最適の教材である。この美しい日本の情景を描いた歌のよさを味わい，互いの思いや考えを出し合いながらよりよい表現を追究していくことを通して，子どもたちが思いを込めて豊かに表現していくことを願い，本題材を設定した。

3　題材の目標
（1）歌詞に描かれた情景（もみじの描写，もみじの葉と山全体の対比など）を表現するために，丁寧な発音を心がけ，自然で無理のない，響きのある歌い方を身に付ける。また，友だちの声を聴きながら，自分の歌声に気を付けて声を合わせて歌う。
（2）歌詞の表す様子を思い浮かべながら曲の特徴を捉え，それにふさわしい表現を工夫し，どのように歌うかについて思いや意図をもつ。
（3）歌詞の内容や2つの旋律が重なり合う美しさや楽しさなどに興味・関心をもち，ふさわしい表現を工夫したり，友だちの歌声や副次的な旋律を聴きながら自分の声を合わせて歌ったりする学習に進んで取り組む。

4　題材の指導計画

時	主な学習活動	主な教師の関わり　【評価規準】
第一次　旋律の特徴や歌詞の内容を感じ取って歌う。		
1	①教師の範唱を聴き，旋律の特徴を捉える。模唱，階名唱をする。 ②歌詞の内容をつかむ。	・旋律の特徴が感じ取れるように範唱する。 ・フレーズごとに模唱，階名唱をするよう促す。 ・歌詞の内容について説明し絵に描く場をもつ。【態①】

2	③音楽のまとまり（A－A'－B－B'）を確認する。 ④歌詞の内容を生かし，曲の山場を意識した表現を工夫する。	・全体の様子が分かるように図を示す。 ・大切にしたい歌詞に印をつけるなど視覚的な支援をする。 ・四人組になり，表現を追究する場をもつ。【知①思①】
第二次　旋律が重なり合う面白さを感じ取りながら歌う。			
3 4	⑤範唱CDを聴き，気づいたことや感じたことを交流しながら，合唱の特徴に気づく。 ⑥二つの旋律の関わりを意識しながら二部合唱をする。	・気づいたことと感じたことを板書にまとめ曲想と旋律の重なりとの関わりに気づくようにする。 ・フレーズごとに模唱，階名唱をするよう促す。 ・拡大楽譜を見ながら合唱する場をもつ。 【知②思②態②】

5　題材の評価規準

知識・技能	思考・判断・表現	主体的に学習に取り組む態度
①歌詞の内容を理解し，ふさわしい表現で歌っている。 ②友だちの歌声や副次的な旋律を聴きながら，自分の声を合わせて合唱する技能を身に付けている。	①音楽を形づくっている要素を聴き取り，それらの働きが生み出すよさを感じ取りながら，歌詞の内容にふさわしい表現を工夫し，どのように歌うかについて自分の考えや願い，意図をもっている。 ②互いの歌声，主な旋律や副次的な旋律，音の重なりを聴き取り，それらの働きが生み出すよさを感じ取りながら，声を合わせて歌う表現を工夫し，どのように歌うかについて自分の考えや願い，意図をもっている。	①歌詞の内容にふさわしい表現を工夫し，思いや意図をもって歌う学習に関心をもち，進んで取り組もうとしている。 ②友だちの歌声や副次的な旋律を聴きながら，自分の声を合わせて歌う学習に関心をもち，友だちと協力しながら進んで取り組もうとしている。

6　教材研究

教材の価値	価値を生かした学習活動 （主に扱う音楽を形づくっている要素等）
《もみじ》　　文部省唱歌／高野　辰之　作詞／岡野　貞一　作曲	
・日本の秋の情景である美しい紅葉の様子を描いた曲。景色の美しさに感動した作者の気持ちが見事に表現されている。 ・歌詞の中に，赤や黄色，緑，また濃淡などの色の対比，山や谷の流れといった景色の対比，裾模様と錦の対比。子どもたちがその様子を感じて歌うことに適している。 ・音楽のまとまり　A－A'－B－B'	・歌詞の内容を理解する。写真や映像を見る。 ・歌詞に描かれた情景を絵で表し，作者が何を見てどのように感動しているかを想像する。 ・階名唱で歌い，旋律の特徴を捉える。（旋律） ・曲の特徴を拡大楽譜にまとめる。 ・四人グループで，歌詞の内容や音楽のまとまり，曲の山場を生かした表現の工夫を考えたり歌い試したりするなど，一緒に追究する。（反復，変化）
・二部合唱　前半はカノンのように追いかける重唱。後半は三度音程を中心にした和声的な重唱。	・二つの旋律が重なり合う美しさ，楽しさを感じ取りながら合唱する。（旋律，音の重なり，和音の響き，フレーズ，音楽の縦と横との関係）
・歌唱共通教材 ・親子で歌いつごう　日本の歌百選	・参観日等の際に家族と一緒に歌唱する。 ・音楽集会や音楽会などの機会に全校で歌う。 ・《まっかな秋》などと一緒に歌い楽しむ。

7 本時案

(1) 本時の位置　　全4時間中 第2時
(2) 主　　眼　　《もみじ》の歌詞の内容をつかみ，旋律の特徴を感じ取った子どもたちが，歌詞の内容を生かして歌う場面で，①音楽のまとまりを確認したり，②大切に歌いたい歌詞に印をつけたり，③四人グループで，意見交換して曲想にあった表現を工夫する活動を通して，情景の美しさを感じ取りながら歌うための思いや意図をもつことができる。
(3) 指導上の留意点　・常に美しい発音に心がけるよう声掛けをする。
　　　　　　　　　・もみじの美しさに感動して作詞をした作者の心情を思いながら追究できるように，前時描いた絵，歌詞の内容を想起させ，意識させる。
(4) 展　　開

段階	学習活動	予想される児童の反応	時間	支援・援助と評価
は じ め	①「もみじ」を歌う。	・秋のもみじの景色の美しさを歌った歌だ。	5	・歌詞の内容を思い浮かべながら歌うよう促す。姿勢，呼吸，発音に気を配らせ，のびのびと歌唱できるようにする。
	学習問題：美しいもみじの様子を思い浮かべながら，曲に合う歌い方を工夫しよう。			
	②音楽のまとまりや，大事に歌いたい歌詞を確かめる。	・第3フレーズが一番盛り上がる感じがするね。 ・色（緑・赤，濃い・薄い）を比較するような歌詞になっている。	5	・音楽のまとまり（A－A'－B－B'）がわかるように図（資料1）を示す。 ・大事に歌うとよい歌詞はどれかと問い掛け，友達と話し合う場をもつ。
な か	学習課題：歌詞や音楽のまとまりを考えて，グループで表現の工夫を考えよう。			
	③グループで表現を工夫する。	・大事な歌詞は丁寧に発音して歌うといいね。 ・第3フレーズを盛り上げて歌いたいな。	15	・拡大楽譜やマジックを用意し自由に書き込みながら追究できるようにする。 ・歌い試しながら追究するようにオルガンや伴奏CDを用意する。
	④考えたアイディアを互いに試し合う。 ⑤ふさわしいと考える表現の工夫をカードにまとめる。	・Aグループの強弱のつけ方がいいね。 ・歌ってみると気持ちがわかるね。いい感じだ。 ・《もみじ》は景色の美しさに感動してつくられた曲なので，まつやかえで，つたなどの歌詞を丁寧に歌いたい。 ・第3フレーズが一番盛り上がるので，しっかり息を吸って歌いたい。	15	・グループで考えたアイディアを互いに発表し合う場をもち，①そう考えた理由　②そのことによってどんな曲想を表現しようとしたか　などを問う。 ・実際に歌い試す場をもつ。 ・学習カードに自分の考えを記入するよう促す。記入が不十分な子どもには，学習を振り返らせながら，ポイントに気づくようにする。 評価規準：【思】① （歌声，観察，学習カードから）
お わ り	⑥各自の思いを込めて歌唱する。	・美しいもみじの様子を思い浮かべながら歌いたい。	5	・様子を表すために発音や呼吸などの技能，歌詞の内容，音楽のまとまりなどを意識して歌っていることを賞賛する。

※この指導案は，長野県の指導案書式にもとづく。

(牛越雅紀)

コラム
音楽から感じ取ったことを言葉で表してみよう

　下図のような「鑑賞ワークシート」を使って,ある音楽を聴いて感じ取ったことを,四角い枠の中に絵や文字を使って表してみよう。この場合,ある音楽の題名は知らされていない方がよい。感じ取った内容は事物,場面,情景,気分や雰囲気など,個人によって異なるものもあれば,皆が共通に感じ取れることもあるだろう。

　次に感じ取った内容について,なぜそう感じたのか,その理由を,音楽を形づくっている要素やその働きと関連させて枠外に言葉で書いてみよう。音色,楽器名,強弱,音の動きや形,リズムやハーモニー,形式など,様々な観点から説明することになるだろう。ここで大切なことは自分の言葉で説明できること,その言葉を通して他者と感じ取った内容を共有できることである。

　音楽学習指導要領の「内容の取扱いと指導上の配慮事項」に,「音楽によって喚起されたイメージや感情,音楽表現に対する思いや意図,音楽を聴いて感じ取ったことや想像したことなどを伝え合い共感するなど,音や音楽及び言葉によるコミュニケーションを図り,音楽科の特質に応じた言語活動を適切に位置付けられるよう指導を工夫すること」と述べられている。ここには感性で捉えたことが,言語活動を通してどのように学習を発展させるか,その方向性が示されていると言える。音楽の授業では表現と鑑賞どちらにおいても,子どもたちが伝え合い,共感しながら学習する場がよくある。子どもたちは対話を通して楽譜から音楽の形を読み取ったり,表現の方法を工夫したりしながら学習を深めていくが,このような場面で教師は,「音楽科の特質に応じた言語」が使えるようリードすることが求められる。

　小学校6年間で児童は,音符や休符,楽譜上の約束事を表す記号などを学ぶ。これらのほかに音楽の専門用語には速さや発想を示す用語などもあるが,小学校の段階では,児童が日常的に使っている言葉を用いることから始め,徐々に音楽の専門用語を取り入れるようにしたい。

　音楽用語のほとんどはイタリア語が使われている。元の意味がわかると音楽を言葉や記号で表すことに興味がわくだろう。たとえば *Allegro*（アレグロ）は「陽気な」「快活な」という意味,*rit.* は ritardando の省略形で,「遅れる」という意味の動詞 ritardare（リタルダーレ）が元になっている。*ff*（fortissimo フォルティッシモ）のように語尾に issimo が付くと最上級の意味に,*dolce*（ドルチェ）は形容詞としては「甘い」,名詞としては「菓子」,𝄐（fermata フェルマータ）は「停留所」という意味など,比較的なじみのある用語について意味などを調べ,興味の世界を広げてみよう。

（中嶋俊夫）

鑑賞ワークシート
　このワークシートは,初等音楽科教育法の授業で「ある音楽」(サン＝サーンス作曲,組曲《動物の謝肉祭》より〈水族館〉) を鑑賞した際に使われたものである。

(1) これからある曲を鑑賞します。この曲を聴いて感じ取ったことを下の枠内に自由に書いてみましょう。表現方法はことば,記号,絵図など各自が適宜選んでください。

- 鉄琴の音,ピアノの細かい音がらせん状に降りてくる
- 水中に漂っているような
- ヴァイオリンの旋律がなめらかに揺れ動いている
- 陽の光がキラキラ輝く
- 不安な気持ち
- 何度も繰り返されるアルペッジョの明るいような暗いようなひびき

(2) なぜそのように感じられたのか。その理由を,音楽を形づくっている要素やその働きと関連付けて枠外に書き出してみましょう。

指導案の例／② 器楽（器楽合奏）

第5学年　音楽科学習指導案

平成○○年○月○日　第○校時
授業者　竹内　由紀子

1. **題材名**　いろいろな音の響きの重なりを味わおう
   教材名　《小さな約束》《いつでもあの海は》《リボンのおどり》

2. **題材設定の理由**
　本学級の子どもたちは，明るく素直な子が多く，音楽活動にも積極的に取り組む姿勢がみられる。歌唱活動は昨年度から二部合唱の体験をしており，声の出し方や声の重なりから生み出される美しさを感じ取りながら楽しめるようになってきた。しかし，器楽活動に関しては，合奏の楽しみを少しずつ味わっているが，まだ楽器の扱いに慣れていない児童も少なくない。
　本題材では，二部合唱による歌声の重なりや，いろいろな楽器の音が重なり合う響きを味わう体験をしたり，それぞれの響きを生かしながら，演奏の仕方を工夫したりすることをねらいとしている。まずはリコーダー奏や二部合唱で，互いの音を聴き合わせたり，旋律が聴こえるような音量バランスに気をつけさせたりする。《リボンのおどり》では，グループにわかれ，いろいろな音の重なり合いを楽しみながら，曲のまとまりを考えた演奏の工夫をさせる。

3. **題材の目標**
○楽器の音の特徴や音色の違い，旋律と副旋律，旋律と伴奏が重なり合う響きを味わって聴いたり，演奏したりする。
○楽器の音色や音が組み合わさる響きや音楽の仕組みを生かして演奏する。

4. **題材の指導計画（全6時間）**
第1次　リコーダーの音や歌声が重なり合う響きを感じながら歌ったり演奏したりする。（教材：《小さな約束》《いつでもあの海は》）……3時間
第2次　いろいろな楽器の音が重なり合う響きを楽しみながら演奏する。（教材：《リボンのおどり》）……3時間（本時2／3）

5. **題材の評価規準**

	知識・技能	思考・判断・表現	主体的に学習に取り組む態度
評価規準	互いの旋律やリズムの重なり合いを聴き合いながら，全体の響きを生かして演奏する技能を身に付けて演奏している。	互いの声や旋律の重なりを聴き取り，全体の響きが変化していく面白さを感じ取りながら重ね方を工夫し，どのように表現するか自分の考えや意図をもっている。	いろいろな音が重なり合う響きやリズムの面白さに興味・関心をもち，学習に主体的に取り組もうとしている。

6. 本時の学習指導（5／6時）

（1）本時の目標
楽器の音の重なりを聴き取り，全体の響きが変化していく面白さを感じ取りながら，パートの重ね方の工夫や演奏の仕方について，自分の考えや意図を持つことができる。

（2）本時の展開

学習内容（○）と主な学習活動（・）	教師の働きかけ（●）と評価（★）
○ウォーミングアップをする。 ・体ほぐしをする。 ・今月の歌を歌う。	●音楽にのり，友達どうし関わり合いながら体ほぐしをさせる。 ●曲想の違いを感じ取らせながら，姿勢や発声方法に気をつけて歌わせる。
○前時までを振り返る。 ・《リボンのおどり》の旋律を確認する。 ・自分なりに考えた演奏の工夫を振り返る。 ○本時の学習の内容を確認し，めあてをつかむ。	●すべてのパートをリコーダーや手拍子で演奏し，旋律やリズムの確認をさせる。 ●ワークシートに書いた自分なりに考えた工夫を振り返らせる。
グループでリボンのおどりの演奏を工夫しよう。	
・グループごとにパートの重ね方の工夫を話し合う。 ・曲全体のまとまりを考えながら，グループの演奏の仕方を工夫する。	●グループで話し合いをさせ，いろいろな重ね方を試せるよう，話し合ったものは演奏で確認させる。 ●ホワイトボードを使った演奏表を用意し，マグネットを貼ることで，パートの重ね方を表せるようにする。様々な演奏方法をすぐに試すように促す。 ●反復回数やパートの重ね方等を見通しを持って決めるよう助言する。
○ペアグループで発表を聴き合う。 ・発表するグループは工夫したところを説明してから発表する。 ・鑑賞グループは演奏の工夫が生かされているか聴く。	●工夫した部分が相手に伝わるよう，演奏表を使って説明させ，演奏させる。 ●演奏表と照らし合わせながら聴かせ，自分たちの演奏に生かせる部分があるかどうか考えさせる。 ★互いの楽器の音の重なりを聴き取り，全体の響きが変化していく面白さを感じ取りながらパートの重ね方を工夫し，どのように演奏するか自分の考えや意図をもっている。〈思〉【ワークシート，演奏聴取】
○全体で振り返る。 ・ペアグループのよかったところを発表する。 ・振り返りをし，次時は発表会であることを知らせる。	●自分たちの演奏に参考にできそうなところを発表させる。 ●ワークシートに記入させる。

（竹内由紀子）

指導案の例／③ 鑑賞

第6学年　音楽科学習指導案

平成○○年○月○日　第○校時
授業者　佐藤　まり子

1. **題材名**　演奏の違いを味わおう
   教材名　《AMAZING GRACE》

2. **題材設定の理由**

　本題材では，一つの曲が演奏者によって表現が変わる面白さに気づき，そのよさを言葉にして友達に伝えたり，友達から新たな聴く観点を教えられたりすることを通して，自分にとってのその曲の意味や価値を見いだすことを目指す。
　《アメイジング・グレイス》は，4フレーズからなる讃美歌で美しく覚えやすく，またＴＶやＣＭなどでよく聞かれる親しみやすい曲である。たくさんの歌手がカバーしており，そのアレンジのジャンルも幅広い。数あるアレンジの中から歌手の国籍，演奏形態，年齢などを考慮し，5曲を選曲した。
　児童の実態として，友達と違う意見はいけないと思い込んでいたり，友達の考えを聞いて自分の考えが変わったり広がったりした経験が少ないことがわかった。そこで，これら5曲の演奏を聴き，自分の中でランキングをつけ，友達のランキングと自分のランキングを比較することで，自分の気づけなかった聴き方に気づいたり，友達の考えを理解したりする活動を設定した。一つの曲を友達と聴くことで，自分一人では気づけなかった聴き方の深まりが得られるよう指導していきたい。

3. **題材の目標**
○曲想や特徴，その曲のよさについて考えながら聴く。
○演奏の違いのよさや感じ方の違いのよさを認め合いながら聴く。

4. **題材の指導計画（全3時間）**
第1次　曲想や特徴，その曲のよさについて考えよう……1時間
第2次　アレンジ曲を聴き，演奏の違いのよさを感じ取ろう……2時間（本時3／3）
　　　　演奏の違いのよさや面白さを認め合いながら，グループで感じ方を共有しよう

5. **題材の評価規準**

	知識・技能	思考・判断・表現	主体的に学習に取り組む態度
評価規準	曲想及びその変化と，音楽の構造との関わりについて理解している。	楽曲を聴いて想像したことや感じ取ったことを言葉で表すなどしながら，演奏のよさを味わって聴いている。	演奏者の表現の違いに関心をもち，主体的・協働的に鑑賞の学習に取り組もうとしている。

6. 本時の学習指導（3／3）

（1）本時の目標
　　友達との関わりの中で，演奏表現の違いのよさや面白さを味わいながら聴く。

（2）本時の展開

学習内容（○）と主な学習活動（・） 予想される子どもの反応（☆）	教師の働きかけ（●）と評価（★）
○前時に決めた五つのアレンジ曲の投票結果を知らせる。 ・五つのアレンジ曲の特徴や選んだ理由を再確認する。 　☆夏川りみはソロで歌っていたよ。 　☆ジョッタアはぼくたちと同じ歳なのにすごい声量だった。 ・同じ曲を第1位に決めたグループごとにまとまる。 ○グループ審査をし，講評をまとめる。 ・第1位を選んだグループごとに集まり，友達との意見交換をする。 　☆ぼくがオバマを選んだ理由は… 　☆イルディーヴォの歌い方がすごく面白かった。 ・個々の理由を説明することができたら，相違点やプレゼンに有利な理由や意見について話し合う。 　☆AさんとBくんのいいと思うところは同じだったね 　☆Cくんの「唯一の女声」という説明を話してから，Dさんの声の特徴を話したほうが説得できるかな。 ・模造紙の表には見出しをカラーマーカーで書く。 　☆他はみんな歌手だけど，オバマは歌手でないのに追悼式で歌い始めたその気持ちを見出しとして書こうよ。 　☆2番の沖縄弁で歌っているところ，なんか音楽も違うよ。もう一度聴いてみようよ。 ・話し合ったことや演奏の特徴などを模造紙の裏の【発表メモ】にまとめる。 ○グループごとに発表をする。 ・1グループごとに【発表メモ】を用いてプレゼン発表を行い，次のグループが前のグループのプレゼンを受けて感想を述べる。 　☆自分は違う歌手を選んだけど，友達のプレゼンを聞いてなるほどなと思ったよ。 ・本時の感想を書く。 　☆同じ曲でもちがう聴き方や選んだ理由も違って面白かった。 　☆音楽を比べたり，音楽について友達と話すのは楽しいな。	●前時の審査結果を集計した分布図の模造紙を掲示する。 ●それぞれ付箋に書かれている投票理由を紹介しながら投票結果を発表する。 ●ワークシートを配付する。 ●話しやすい雰囲気や支持的風土を育むために，話し合いの方法やルールを説明する。 ●サークルタイムがスムーズに行えるようにフォーマットを示し，プレゼン方法を説明する。 ●左から1→2→3と書き込み，読めばそのまま発表ができる【発表メモ】を用いる。自分のグループがプレゼンしようとする理由に近いカテゴリを選んで記述させる。 ●模造紙，ペン，CDを配布する。 ●ラジカセをグループの数だけ用意する。 ★楽曲を聴いて想像したことや感じ取ったことを言葉で表すなどしながら，演奏のよさを味わって聴いている。〈思〉 【発言の様子】【記述内容】

（佐藤まり子）

指導案の例／④ 音楽づくり

第4学年　音楽科学習指導案

平成○○年○月○日　第○校時
授業者　柏原　圭佑

1　題材名　「森のテーマを反復・変化させてクラスの森の音楽をつくろう」

2　題材設定の理由
　「表現」領域の中の「音楽づくり」の授業である。中学年では，音楽の仕組みを生かした音楽づくりに取り組む。本題材では，テーマを反復・変化させながら，音楽をつくるよさや，仲間と音や音楽で表現する喜びに気づかせたい。
　本学級では，これまで歌唱分野および器楽分野において，楽曲に関係する歌詞や絵，写真などから自分なりに情景や心情を想像し，イメージをふくらませて演奏する活動に取り組んできた。また，「反復」や「変化」などの音楽の仕組みを拡大楽譜から見つけ出し，互いの意見を共有する経験もしてきた。例えば《オーラリー》では，一段目と二段目の旋律が反復し三段目では別のメロディーが入り，四段目ではこれまでのメロディーが少し変化していることなど，学び合いを通して二部形式を理解することができた。さらに，「強弱」「フレーズ」などの音楽を形づくっている要素を，楽譜から読み取り，それらの要素を生かして協力して演奏する活動にも取り組んできた。
　音楽づくりでは，これまで，即興的に手拍子でリズムをつくる活動はしてきたものの，音楽の仕組みを生かした活動に取り組んだ経験はない。そこで，本題材では，これまでに歌唱や器楽で学習してきた，「反復」「変化」を生かし，一人ひとりが発想やイメージを生かして学び合いながら一つの音楽にしていく。音楽の仕組みに着目し，それを手がかりに音を音楽に構成する活動に主体的に取り組むことがねらいである。

3　本題材における指導の手立て
①二つの「森のテーマ」の提示
　黒鍵を使った簡単なテーマを指導者が2例提示する。どのように音を重ねたり反復させたりしても，音楽になるようにしたい（下図参照（画用紙掲示））。

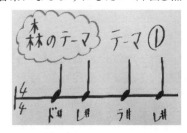 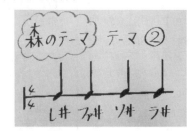

②場面の設定
　音楽づくりに子どもの意識をスムーズに向けられるようにするために，教師は親しみやすい森の情景を八場面作った。クラスに四人グループを八つつくり，各グループが一場面を担当し，その情景を音楽で表現できるようにした。各グループがつくった音楽をつなげて，クラスで一つの森の音楽にする。

第一場面	第二場面	第三場面	第四場面
森には朝の日差しがさし木もれ日が見えます。静かな時間が流れます。	森にそよ風がふき，ゆれる木々の音や声が聞こえます。	太陽は少しずつ上ってきました。森に力がみなぎっているようです。	木々の間からすばらしい青空が見えます。美しい雲，すてきな鳥など，すばらしい景色です。
第五場面	第六場面	第七場面	第八場面
とつぜん，空が暗くなり，風も強く，雨もはげしくなってきました。	夕方，風もまったくなくなり美しい夕日に照らされています。	夜になると，森はべつのすがたを見せます。ゆっくりと夜の生き物たちが活動します。	森には小川が流れています。せせらぎが心をいやしてくれます。すべての森のエネルギーが集まってきました。

③グループごとの楽器選択の条件

・各グループに必ず音程の出る楽器を一つ以上入れる
・情景に合った音色を話し合って選ぶ
・同じ材質同士の楽器の相性を生かす（例えばウッドブロックと木琴など）

音程の出る楽器	音程の出ない楽器
シロフォン・マリンバ・ビブラフォン・グロッケン・鍵盤ハーモニカ・ピアノ・電子オルガン	カスタネット・ウッドブロック・すず・トライアングル・ウィンドチャイム・バスドラム・和だいこ・カスタネット・シンバル，カバサ

☆あるグループが選んだ楽器の例

　　第一場面⇒木琴，ウッドブロック，カバサ

④各グループに1枚ずつ画用紙を配付

　音楽づくりについて，グループのメンバーと協力して取り組めるよう，場面の様子を文章で書いた4切サイズの画用紙を配付した。画用紙下半分には4列のスペースをつくり，一人に1スペースを割り当て，演奏に入る順番や重ねるタイミングを図形譜として視覚的に示せるようにした。子どもたちは，最初，付せんを使って並べ替えながら音楽をつくっていくが，最終的には，音の細かい表情などを，自分たちがわかるような図形や記号，文字で書きこんでいくことを想定した。

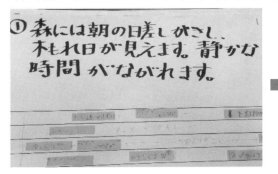 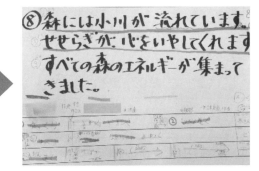

4　題材の目標

　場面ごとの描写を読み取り，森のイメージをふくらませ，音楽の仕組みである「反復」や「変化」を取り入れ，仲間との交流を図りながらまとまりのある音楽をつくる。

5 題材の指導計画（全5時間）

第1時　自分のつくりたい場面を選び，それにふさわしい音色を選びながら学習の見通しをもつ。

第2時　選んだ楽器の基本的な奏法を理解し，テーマを反復させたり変化させたりするなど，図形譜を使ってどのような音楽にしていくかを話し合う。

第3時　森のテーマを反復・変化させてまとまりのある音楽をつくり，音楽が完成したグループは，各場面の情景描写のナレーション付きで発表し録音する。

第4時　他のクラスや他のグループの録音を聴いて学んだことを各グループの表現に生かし，クラスでひとつの音楽づくりへと発展させる。（この活動ではナレーションは省く。）

第5時　他のクラスの仲間，担任の先生や保護者の方に，これまでつくってきたクラスでひとつの大きな森の音楽を発表する。

6 題材の評価規準

	知識・技能	思考・判断・表現	主体的に学習に取り組む態度
評価規準	・いろいろな音の響きやそれらの組合せの特徴について，それらが生み出すよさや面白さなどと関わらせて理解している。 ・思いや意図に合った表現をするために必要な，音楽の仕組みを用いて，音楽をつくる技能を身に付けている。	テーマを反復したり，変化させたりすることのよさや面白さなどを感じ取りながら，聴き取ったことと感じ取ったこととの関わりについて考え，音を音楽へと構成することを通して，どのように全体のまとまりを意識した音楽をつくるかについて思いや意図をもっている。	テーマを反復したり，変化させたりすることを主体的に楽しみながら，仲間と交流を図り，情景に合った音楽をつくろうとしている。

7 本時の学習指導（ 4／5時 ）

(1) 本時の目標

　場面の様子をイメージしてどんな音楽にしたいかを考え，他のクラスや他のグループの演奏を参考にし，強弱や音の重なりを工夫して，クラスで一つの大きな森の音楽をつくりあげる。

(2) 本時の展開

学習内容（○）と主な学習活動（・）	教師の働きかけ（●）と評価（★）
○本時の課題をつかむ ・場面の情景に合った工夫になっているかを考え，他のクラスやグループの演奏を聴いて学んだことを自分たちの表現に生かそう。（強弱や音の重なり方など） ・ナレーションをつけず，一つの大きな森の音楽を完成させよう。	
・前時までにつくった音楽について，他のクラスやグループの演奏を聴いて全体で話し合う。 ・○組の○場面は，リズムや速度を変化させているよ。とても，森の感じがよくでているな。 ・4場面の木琴の重ね方が素敵だったので，自分のグループでも取り入れたい。 ・曲の出だしをもっとそろえたほうがいいな。	●他のクラスやグループの演奏の録音を聴き，自分たちの演奏に生かせるようにする。 ★前時までの音楽を聴き，場面の様子に合わせて，テーマを反復したり変化させたりした工 

- ・○○場面と○○場面がもっとつながるようにしたい。
- ・○組みたいにテーマの重ね方を工夫しよう。

夫について話し合い，協働的に音楽をつくろうとしている。

・話し合った内容をもとに，グループごとにこれまでつくってきた音楽を振り返り，よりよくするための工夫につなげる。

●周りが演奏している中で，話し合うと話し合いがスムーズに進まないこともあるので，静かに話し合える場を確保する。
●工夫のポイントをわかりやすく示して，他グループの演奏を聴くことができるようにする。

○強弱や音の重なりなどの工夫がみられたグループを取り出し，演奏をもとに意見の交流を図る。

- ・動物の様子を，ウッドブロックを使って表現していてすごいと思いました。
- ・○○さんの大太鼓の音がだんだん大きくなっていくことで，嵐が近づいていることを表現できていると思います。
- ・○グループは，繰り返すだけでなく，速度が変化させているのがいいです。
- ・テーマをずらして演奏していることがいいと思います。

●他グループの演奏の工夫を，自分のグループに生かせるように声をかける。

・グループごとに演奏の工夫をする。
○全体でナレーションなしの「森の音楽」を場面ごとにつなげて演奏し，感想の交流を図る。

★他グループの工夫のよさに気づき，テーマを強弱や速度を変化させて，場面に合った音楽をつくっている。

○これまでの学習を振り返る。

●他のクラスのよさ，他グループのよさ，自分のグループのよさに気づけるようにする。
●発表に向け，どのような演奏にしていきたいかが伝わる発言を取り上げ，価値づけすることで，次時への意識をもてるようにする。

（柏原圭佑）

指導案の例／⑤ 日本の音楽（お囃子の創作）

第3学年　音楽科学習指導案

平成○年○月○日　第○校時
授業者　清水　麻希子

1　題材名　つないで重ねてお囃子をつくろう

2　題材設定の理由
　本題材は，様々な音の響きやその組み合わせを楽しみながら，求める表現に合う音の組み合わせを探し，まとまりのある音楽をつくることを通して，我が国の音楽に親しむことをねらいとしている。本題材では，地域の祭り囃子（以下，お囃子）《登戸囃子》を取り上げる。まず，地域の方によるお囃子の生演奏を聴き，お囃子とはどんなものか知る。次に，お囃子の締太鼓の基本のリズム伴奏を知り，竹太鼓で演奏できるようにする。そして，そのリズム伴奏に合わせて，児童がお囃子に合う旋律をつくっていく。
　指導にあたっては，児童が聴き取ったり，感じ取ったりしたことの根拠はどの要素の働きだったのかを，全体で共有しながら整理し明確にさせていく。そして，要素の働きをこれからつくろうとする音楽に反映できるように，友達と考えを伝え合う場を繰り返し設けていく。友達の考えを知ることで，今までの考えを捉え直したり，新たな考えを生み出したりしながら，「これがいい」と児童自身が判断し，つくった音楽に価値を見いだせるようにしていきたい。

3　題材の目標
○お囃子に興味をもって，聴いたり，表現したりする学習に進んで取り組もうとする
○音の出し方を工夫したり，自分の考えをもって試行錯誤しながら簡単な音楽をつくったりする

4　題材の指導計画（全6時間）
第1次　お囃子の音楽の特徴を感じ取りながら範奏を聴く。お囃子の基本のリズムを知り，太鼓を演奏する……2時間
第2次　つくった旋律をつないでお囃子づくりをする……4時間（本時2／4）

5．題材の評価規準

	知識・技能	思考・判断・表現	主体的に学習に取り組む態度
評価規準	日本のお囃子の音階やリズムの特徴を生かし，反復や変化などの仕組みを生かして，音楽をつくる技能を身に付けて音楽をつくっている。	リズムや旋律を聴き取り，それらの働きが生み出すよさや面白さなどを感じ取りながら，音の組合せを工夫し，どのように表現するか自分の考えや意図をもっている。	日本の音楽の面白さに興味・関心をもち，学習に主体的・協働的に取り組もうとしている。

6　本時の学習指導（　4／6時　）

(1) 本時の目標
　旋律の組み合わせ方を何度も試し，自分の考えや意図をもってお囃子をつくることができる。

(2) 本時の展開

学習内容（○）と主な学習活動（・） 児童の反応（C）	教師の働きかけ（●）と評価（★）
○ウォーミングアップをする。 ・マイ旋律を友達とつなげる ○つくりたいお囃子のイメージをもつ。 ・《登戸囃子》を視聴する ・自分たちがどんなお囃子をつくりたいのか話し合う。 C：踊りたくなるようなお囃子をつくりたいな ○本時の学習の内容を確認し，めあてをつかむ。	●リズム伴奏に合わせて，友達と自由に二人組をつくり，旋律をつなげさせる。 ●お囃子の映像を視聴させ，お囃子の音楽を想起させる。 ●自分たちがどんなお囃子をつくりたいのか確認させ，学習の見通しをもたせる。
マイせんりつをつなげておはやしをつくろう	
○旋律をつなげて「お囃子」をつくる。 ・グループごとに各自がつくった旋律を聴き合う。 C：○さんの旋律は続く感じかするね。 ・旋律の特徴から，どのような順番でつなげたら自分たちが考えたお囃子になるのか試す。 C：最後はもっと盛り上がるように終わらせたいから高い音が合うと思う。 C：途中がつながらない感じがするから，旋律を変えてもいいかな。 ○つくった「お囃子」を紹介する ・つくったお囃子を発表する。 ・演奏を聴いて気づいたことを発表する。 C：踊りたくなってしまう感じのお囃子だね。 C：終わり方を変えてもいいんじゃないかな。	●旋律の組み合わせを何度も試せるように，ワークシートと付箋を用意する。 ●旋律をつなげる条件を示す。 　条件1：一人2回旋律を使ってもよい。 　条件2：旋律を組み合わせる上で，必要であれば旋律をつくり変えてもよい。 ●各自の旋律が，どのような感じ（続く，終わる）がするか話し合わせる。 ●活動が停滞しているグループには，組み合わせ方を助言する。 ★リズムや旋律を聴き取り，それらの働きが生み出すよさや面白さなどを感じ取りながら，音の組合せを工夫し，どのように表現するか自分の考えや意図をもっている。〈思〉 【演奏中の様子観察，演奏聴取】 ●お囃子ができたグループの演奏を聴き，気づいたことやよかったところ，改善点を発表させる。

（清水麻希子）

指導案の例／⑥ 中学校への接続を意識した小学校高学年の事例

第6学年　音楽科学習指導案

平成○○年○月○日　第○校時
授業者　小関　崇司

1　題材名　重なり合う音の美しさを味わって歌おう
　　教材名　《ふるさと》

2　題材設定の理由
　本学級の児童は明るく元気で，様々な活動に真面目に取り組んでいる。常時活動にも意欲的に取り組むことができ，カードによるリズムづくり，音符カードを生かしたふしづくりなどにも積極的である。歌唱に関してもこれまでに斉唱や合唱の経験を通して，声が響き合うことを楽しんできた。
　本題材は，歌唱や鑑賞を通して重なり合う音の美しさを味わうことがねらいである。教材曲は文部省唱歌として愛唱されてきた曲の一つであり，中学校の教科書にも混声合唱曲として取り上げられている。本題材を通して，響きを意識して歌うだけでなく，音楽を形づくっている要素やその働きを鋭く感じ取って表現を工夫することで，表現する喜びが十分味わえる指導の工夫をしていきたい。
　具体的には，歌詞を朗読して歌詞の意味内容をつかみ，フレーズを意識しながら同声合唱をおこなう。グループでの話し合いを通して自分なりの表現をまとめていく。最後に中学校との音楽交流会を設定し，中学生の混声合唱の響きに出会わせ，中学校の学習への意欲をもたせたい。

3　題材の目標
　曲想や歌詞の内容を生かした表現を工夫し，思いや意図をもって歌う。

4　題材の指導計画（全4時間）
第1次　歌詞の内容を理解し，フレーズのまとまりを意識して歌う。……1時間
第2次　旋律の流れや歌詞を手がかりに工夫して歌う。……2時間（本時2／2）
第3次　中学校との音楽交流会を通し，混声合唱への意欲をもたせる。……1時間

5　題材の評価規準

	知識・技能	思考・判断・表現	主体的に学習に取り組む態度
評価規準	・中学生の混声合唱を聴き，その響きの美しさやよさに気付いている。 ・思いや意図に合った表現をするために必要な，自然で無理のない歌い方で歌う技能を身に付けて歌っている。	音楽を特徴づけている要素を聴き取り，それらの働きが生み出すよさや面白さを感じ取りながら，音楽表現を工夫し，どのように歌うかについて思いや意図をもっている。	歌詞の内容や曲想を生かした表現を工夫し，思いや意図をもって歌う学習に主体的に取り組もうとしている。

6　本時の学習指導（ 3／4時 ）

（1）本時の目標
旋律の流れや歌詞を手がかりに曲想表現を工夫して歌う。

（2）本時の展開

学習内容（○）と主な学習活動（・）	教師の働きかけ（●）と評価（★）
♫ ♩ ♩ ｜ ♩ ♪ ♫ 𝄽	●グループ毎に6〜8枚のリズムカードを選ばせ，掲示する。
○今日のリズムを読む。 ・掲示されたリズムを読み，どんなリズムになるのか話し合い，実際に手拍子で確認する。	●グループ毎にどんなリズムとなるのか話し合いを行い，発表させる。 ●出来上がったリズムは手拍子で確認させる。
○前時に学習したことを思い出しながら《ふるさと》を歌う。	●音程の不安定なところは階名視唱をすることで，音程を意識させる。
《ふるさと》の表現を工夫して歌おう	
○どのように歌うかについて，グループごとに表現を工夫する。楽譜を手がかりに，実際の響きを感じ取りながら考える。	●グループごとに話し合いをさせ，気づいたことを伝え合うよう促す。 ●気づいたことをそれぞれの楽譜に記入させる。
○表現の工夫を生かして歌うことができるようにグループごとに練習する。	●それぞれの考えを実際に歌って検討し，自分の考え，グループの考えをまとめさせる。
○グループごとに表情豊かに歌い，聴き合う。 ・各グループの発表を聴いて感じたことをワークシートにまとめ，お互いの表現の工夫のよさについて伝え合う。	●友達の表現の工夫を見つけたり，自分たちの表現とくらべながら聴くように促す。 ★自分の表現の工夫と友達の表現の工夫についてまとめ，自分はどう歌いたいかについて思いや意図をもっている。〈思〉
○表現の工夫を振り返る ・表現の工夫を生かして《ふるさと》を合唱する。	●振り返りを活かし自分なりの思いや意図を持って歌うよう促す。
○次時の内容を知る。 ・中学生の歌う《ふるさと》を聴き，混声合唱による響きの違いについて考える。	●音楽交流会へ向け，自分たちの合唱との響きの違いについて気がついたことを発表させる。

（小関崇司）

コラム
「音階」を考え，演奏してみよう

●何のための「音階」だろう？

「音楽は人の心を動かす」と言われるが，一人一人がそれを実感するのは不特定多数の曲ではなくて，ある時，ある環境のもと，ある曲に出会ったときなのではないかと思う。

他方，音楽を説明する言葉でありながら「音楽で用いられる多数の音のうちから（中略）音関係の基本的パターンを抽出して高さの順に配列したもの」（角倉，1981）という「音階」の存在について，皆さんはどのように感じているだろうか。「音楽の規則はこうである」と諭されているような感じ，活き活きしたリズムもなく順番だけ，まるで「資料編」のようで無味乾燥なものに感じていたとしても仕方ない。一度も出会ったことのない音楽も含めて，ひとくくりに図示されているのだから。

しかし見方を変えれば，そこには私たちが今知っている音楽とこれから経験する音楽をつないでいく，大事なエッセンスが詰まっているのだ。そのようにつながることによって，きっと私たちは音楽から個人の趣味や好みを超えた，より豊かなものを得られるに違いない。

現在の私たちに最も身近な存在である西洋音楽（諸文化における伝統音楽を除くと，大概の音楽がこの類とみて良い）にも「ドレミ…」の音階がまとめられている。これは西洋の歴史の中で，新しい音楽がどんどん生まれてゆくのに合わせ，そのつながりを総括的に理解するために，音楽そのものを徐々にモデル化してきた理論の一つなのだ。

ここで大事なことは，モデル化された音階というものを，私たちが身近な音楽から感じてきた情感を含めて解釈，体験することで，実際の音楽の多様さ（時には複雑さ）を大きく掴むことができるようになるのだ。

音階を整頓している原理のもとは意外とシンプルである。これを演奏の練習とうまく合わせて，生きた音楽に発展させる方法を考えてみよう。

●「長調・短調」の違いはどこから？

ここに掲げる楽譜は，ぜひ鍵盤楽器（できれば表情のわかりやすいピアノなどが良い）で弾きながら，そして音どうしの相互関係を感じながら以下の説明をたどってほしい。

階名＝ ソ ラ シ ド レ ミ ファ ソ ラ シ ド レ
音名＝ ト イ ロ ハ ニ ホ ヘ ト イ ロ ハ ニ

ピアノの鍵盤数が示す通り，音楽に使われる音域はとても広く，譜例はその一部を抜き書きしたにすぎない。しかし「階名」や「音名」が繰り返されている様を見ればわかるが，西洋音楽はオクターブごとに同じものが繰り返される。従って，音階を表す時に普通は任意の1オクターブを記す。

上記は全て白鍵で弾くことになるが，⎯⎯で区切られた音階が「長調」，⌣が「短調」となることに気づく人も多いだろう。実際にそれぞれのまとまりで弾いてみると，始点と終点が2音分異なるだけで，音の数も同じなのに印象（明るい↔暗い，硬い↔柔らかい等）が違ってくる。なぜだろうか？

楽譜上，まるで比例関数グラフのように直線的に音符が上昇しているが，実際に鳴る音は「全音」と「半音」が混ざっているので度合は一定にはならない。音名「ホ」と「ヘ」，および「ロ」とその上の「ハ」のところには黒鍵がないが，ここが「半音」になっているのである。つまり全音と半音が区切りの中で何番目に出てくるかによって，あんなに印象が変わってくるのだ。

白鍵の並びのように全音と半音を含んだ7つの音でオクターブを形成する音階を「全音階」と呼ぶが，これは決して人工的なものではない。さまざまな旋律に共通する音を拾い集めた結果，自然に出来上がったものである（それにあわせて鍵盤を並べてあるに過ぎない）。そして，まさにこれが長調と短調の印象の違いのもとなのだ。

●「主音」の役割とその表情

では，長調または短調の音階を区切っている音は何だろう？ この音は「主音」と呼ばれている。端的には「音階の中心音」と説明されるが，音楽の流れの中や楽譜上での位置を見るとき，この説明は少しわかりづらいと思う。むしろ「旋律を終えることのできる音」というのが実際の印象に近い。

その意味を演奏しながら実感してみよう。実際の音楽はもとより、1オクターブの音階ですら音の数は多いと思われるので、例えば下のように、音の数をさらに減らしてみよう。また実際の曲とのつながりを感じるために、簡単なリズムをつけてみよう。終わる感じを出しやすくするため、最後に長い音をあてると良い。

拍を数えながら音符の種類（＝音価）どおりに弾いてみると、全音符の音で曲が終わる感じ（＝終止感）になるのがお分かりだろうか？　もし分かりづらければ、しばしば曲の終わりで聞くように、全音符の音に入るときにほんの少しゆっくり、大事に弾いてみよう。複雑で長い曲を弾いたり歌ったりしなくとも、既にこの段階で、音楽としての表情が豊かに感じられるのが分かる。これがまさしく「主音」が音楽全体に果たす機能であり、自ずと演奏に求められている表情なのだ。

なお、短調の左側の譜例に示した括弧つき臨時記号は「旋律短音階」を示す。17世紀ごろまではわざわざ楽譜に記されていなかったが、演奏の際、任意に半音上げていたのだという。その目的は自然に終止感を得ることに他ならないだろう。実際にこの記号を着脱してその違いを感じ取るのも面白いだろう。

では同じ白鍵のみで、階名「ド」と「ラ」以外を主音のように感じることはないのだろうか。

少なくともここにある階名「ミ」や「ファ」に関してはどのように弾いても、やはり曲がまだ続いてゆく感じがすると思う。これらは柔らかく美しいまとまりがあるが、先の主音に向かうときほどはっきりした終止感はない。やはり曲の途中に現れるのがふさわしい音である。

また次のようにそれが「シ」になると、一層先に続く感じがしないだろうか？

このようなことを他の音でも試してみると良いと思う。このような体験をした後、改めて前ページの⎯⎯や⎯⎯の範囲全体を弾くと、「主音」の役割（特に後の区切りの方）がはっきり感じられるのではないだろうか。

実際の曲ではその役割がさらにはっきりしてくる。例えば文部省唱歌の《ふじ山》は各4小節フレーズが4回繰り返されるが、各回最後の音を見てみると、第2および第4フレーズは主音であって、曲全体をすっきりと聴こえさせるのに役立っている。それは、主音に行かず次につながる感じの第1、第3フレーズの柔らかい表情と相まって、曲がまるで接続詞を持ち、歌詞とも程よく調和して物語のように進んでいるように聞こえてこないだろうか。

なお西洋音楽では鍵盤楽器や楽譜上のあらゆる音を主音とする長調と短調が整理されている。♯や♭の多寡はあるものの、主音に対する全音と半音の関係は同じ。異なるのは器楽演奏での難易度と歌唱の音域のみなので、曲の調に合わせて同じような体験をすると良いと思う。

また西洋音楽以外の音階については一切述べなかったが、各音階に「旋律を終えることのできる音」が存在していることが多く、同じような体験・練習が役立つことを付言しておきたい。

（島田　広）

〈参考文献〉

角倉一朗（1981）「音階」（総論「音階の概念」『音楽大事典』第1巻、平凡社、pp.366-368）

音楽科指導のポイント

1. 歌唱指導のポイント

だれもが学校教育の場で歌う活動を経験しながら，実際には，歌うことが好きになる人，歌うことに苦手意識をもつようになる人と，歌唱に向かう気持ちに少なからず差が生じてしまう。幼児期や小学校低学年までは楽しそうに歌っていても，学年が上がるにつれて歌うことに消極的になる児童もみられる。思春期にさしかかると他者との違いを意識し，自分を表現することが恥ずかしくなったり，自信がもてなくなったりすることがあるだろう。

声は個人のアイデンティティそのものであり，さらに歌うという行為は，一人の人間にそなわった心と身体から発する最も自分らしい音楽表現である。歌唱活動の場で大切なことは，自分の表現に対して，肯定的になれるきっかけや経験をいかにもつことができるかということである。そして歌う場に参加しているという意識を高め，歌詞の解釈や曲のイメージを共有しながら，曲想表現へとつなげていく楽しさを子どもたちに体験させたいものである。同時に技能的基礎を押さえながら，それをいかに習得しやすい形で学習活動に取り入れていくか，という視点も忘れてはならない。

(1)「皆が参加する場づくり」から「声の多様な表現」へ

最初から「さあ，歌いましょう」と始めることもできるが，その前にまず，自然な形で声が出せる環境づくりが大切である。人は伝えたい内容があって初めて声に出して表現するのであり，そこに各人の声の表情が現れてくる。コミュニケーションの形態を生かして，一人一人が参加していると実感できる場をつくり，そこから声の多様な表現を引き出す活動へとつなげていきたいものである。そのような実践例を次にあげる。

① 問いと答え

呼びかけに答える形式（「コール・アンド・レスポンス」）を使って，教師は手拍子や打楽器で拍子をとりながら問いかけをし，子どもたちは順番にそれに答えていく。教師は，子どもたちが拍子に乗って，抑揚をつけて答えられるよう誘導する（譜例1）。

譜例1

問いの内容は，児童が答えたくなるような題材から選ぶとよいだろう。このように自分の好きなものを声に出してアピールしたり，友達の答えがわかったりすることで集団内の交流が図られ，表現活動しやすい雰囲気が生まれる。問いの役は，教師に代わって児童がやってもいいだろう。

② 図形的表現を使って

問いと答えの活動の発展として図形的表現（例：図1）を活用し，高低感を強調して表現するよう児童に働きかける。このときチェンジボイス（地声から裏声に転換する声）が使えると，より高低感の幅が広がる。

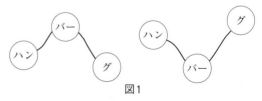

図1

次の例として，子どもたちの前に提示された図形（例：図2-1～3）を教師は指し示したり，

なぞったりしながら，その動きに合わせて子どもたちに声で表現させる。歌唱活動の中で，何を表現内容の対象とし，それをどのような声で，どのように歌うかを考える局面がよくある。提示された図形を表現対象として皆で共有しながら声の表現方法を探る経験は，その後の歌唱活動に生かされるであろう。

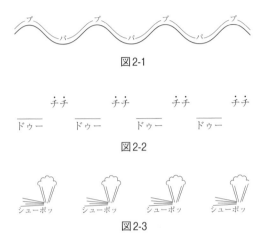

図2-1〜3の表現を三つのグループに割りあて，3パートを組み合わせて声のアンサンブルを楽しんでみよう。3パートを同時に合わせても，あるいはカノンのように順次各パートを重ねていってもいいだろう。教師は各パートに始まりの合図を出し，途中で強弱やテンポの変化を指示する（指揮者の要領で）。終わり方も，一斉に f で高まって終止したり，あるいはパートが一つずつ順番に消えていくなど工夫すると音楽的な構成を感じることができる。どんな図形をどんな声で表現できるか，児童と一緒に考えて試してみよう。

③ 様々な事物や現象を声で表現する

生活音，自然・環境音，生きものの鳴き声，想像の世界にある様々な音や現象など，子どもたちは題材を選んで声で表現する。表現されたものの題名をあてたり，それを皆でまねたりしてみよう。

［表現されるものの例］

消防車のサイレン，電話の呼び出し音，犬の唸り声，物が落下する様子…

④ 身体表現を使って

手拍子，足踏み，スイングする，ポーズを決めるなど，歌うときに身体反応を生かした表現を取り入れると，同じ動作をする者同士の共感を高める。また，身体的反応は声のイメージともつながるので，発声指導の際にも生かされるだろう。ただ，あまり凝った身体表現にすると歌唱がおろそかになるので，その点は配慮が必要である。

ここにあげた①〜④は例であるが，児童の発達段階やクラスの状況に応じて様々な工夫が可能である。このような活動を随時組み合わせて，子どもの自由な発想を生かしながら表現の場をつくり，イメージを喚起しながら声の表現の幅を広げていきたいものである。

(2)「聴いて歌う」から「ハーモニーの体験」へ

学習指導要領では歌唱の指導内容として，「範唱」や「互いの歌声や副次的な旋律」，「各声部の歌声や全体の響き，伴奏」を聴いて歌うことが示されている。教科書などで取り上げられている教材の中には，交互唱や輪唱などの形態を取り入れた曲があるので，それらを活用して「聴いて歌う」活動から「ハーモニーの体験」へと学習を進めていこう。

活動の具体例は「やってみよう」（p.57〜58）で取り上げる。

(3) 発声指導の基礎
―― イメージや身体感覚を生かして

発声指導の際に，「お腹から声を出して」「頭のてっぺんに響かせて」など，様々な表現が使われる。それらの表現はどのような状態を意図し，どのような効果をねらっているのだろうか。発声法は，器楽の奏法と比べると視覚的に捉えにくい面があるので，イメージや感覚に働きかけて指導されることが多くなる。指導において

使われる言葉が，指導者と学習者の間でフィットすると効果を生み出すが，そのような柔軟で的確な指導は，常に発声の基礎的な技能に裏打ちされているはずである。ここでは発声法の基礎を確認しながら，それを児童にどのように習得させるか具体的に示していく。

① 呼吸と共鳴

発声指導の表現の中で，最もよく取り上げられる体の部位は「頭部」と「腹部」であろう。一般的な認識として「頭部」は「共鳴」（実際に共鳴は，頭部だけではなく，胸部やその他の部位とも関わるが），「腹部」は「呼吸」と関わると捉えていいだろう。声は，空気が声門（喉頭）を通過することによって発音体である声帯が振動し（発音），共鳴をともなって発せられる。例えばヴァイオリンに置き換えると，発音体は張られた弦で，発音は弓と弦の摩擦によって起こり，共鳴は楽器胴体の空洞で生じ，呼吸は弓の長さとその動き，つまりボーイングということになる。私たちはふだん話したり歌ったりするとき，声帯の振動を意識することはないが，楽器と同じように響きをつくり出し，旋律にのせて言葉を歌ったりできるのは，呼吸と共鳴の働きがあるからである。

② 腹式呼吸の方法

呼吸の仕方は一般に，腹式（横隔膜呼吸）と胸式の二つがある。実際に息を吸ったときに空気が入るのは肺であるが，腹式では吸気（息を吸う）の際に横隔膜が下がって腹部が膨らむのに対し，胸式では吸気の際に両肩が上がる状態になる。歌唱においては吸った息を保持して使うことが求められるため，胸式は，呼吸時に肩が上下し，吸った息をすぐ消費してしまうので適切とはいえない。低学年の児童にはやや難しいが，身体の発育にしたがって腹式呼吸で吸気と呼気（息を吐く）の循環をコントロールし，呼気を持続させながら効率よく声を響かせる方法が体得できるよう，指導を工夫する。

具体的な方法として，仰向けに横たわり，腹部の上に事典など厚手の本をのせ，息を吸ったり吐いたりしてみるとよい。吸気にしたがって本が持ち上がり，呼気にしたがって本が下がることをまず確認する。次に，吸気によって持ち上がった本が呼気の際すぐに下がってこないよう，なるべく上方に保ったままの状態で息を吐いていくと，呼気の持続につながる。このとき腹部は頑張り過ぎて硬くならないよう，弾力性のある状態がよい。また息を吐くとき，前歯を閉じて「スー」と吐くと，息の消費量が少なくてすむので呼気の持続が体感しやすい。腹式呼吸ができるようになったら，立った姿勢でカウントを入れながら呼気と吸気を繰り返してみよう（譜例2）。ブレスをとるとき，急いで胸式呼吸にならないよう注意する。

（例）ス——————V ス——————V
1 2 3 4 5 6 7 8　1 2 3 4 5 6 7 8
（手拍子と声でカウントする）

譜例2

③ 姿勢

姿勢は，両足を肩幅ぐらいに開いて立ち，横から見たときに踵から腰，肩，耳までまっすぐな線が引ける状態がよい。首が前に出たり，胸を張りすぎて後ろに反り返ったりせず，自然な状態を心がける。顔はやや上方を向いたほうが，下顎の可動スペースが確保でき，口の開け方もスムーズになる。下顎はつねに柔軟に動かせるようにする。

④ ハミングで共鳴を体感する

唇を閉じた状態で声を響かせるハミングは，少ない息の消費量で効率よく響きをつかむことができるので，基礎的な発声練習としてよく活用される。唇を閉じていることにより，鼻腔を中心に頭部の共鳴を感じ取りやすいのである。ただし，やり方を間違えると下顎や舌根が硬直し，いわゆる喉を詰めたような声になるので，リラックスした状態でハミングできることがポイントになる。例えば薄いウエハース（0.5mmぐらい）のような繊細で壊れやすいものを唇に挟んでいる状態をイメージする。このとき喉や顎，舌などがリラックスした感覚をもつことができる。この状態のまま呼気を持続させながらハミングしてみよう。また口腔内の空間を保つ

ために，大きな飴玉を一つ舌の上にのせた状態をイメージして（この場合も唇はやさしく閉じる）ハミングするのも効果的である。そしてハミングをするときに，先に述べた腹式呼吸と連動させることを意識する。出しやすい高さの音でハミングして響きがつかめたら，その響きを母音につなげて発声練習をしてみよう（譜例3）。

譜例3

⑤ 言葉の感覚を磨く―状況を思い描きながら声に出して読む―

例えば「つめたい」という言葉を子どもたち一人一人に順番に言わせる。1回目は条件をつけずに，2回目は具体的な状況を思い浮かべながら「つめたい」と言わせる。そうすると明らかに2回目の方が，状況を伝えるために子どもたちは工夫し，表現が変わるだろう。

次に《たなばたさま》（権藤はなよ・林柳波作詞／下総皖一 作曲）の第一節の歌詞を例に挙げる。

　　ささのはさらさら　のきばにゆれる
　　　　おほしさまきらきら　きんぎんすなご

歌う前に声に出して読み，まず言葉の響きを味わう。歌詞に描かれた情景を子どもたちに想像させ，声の響きや表情に変化が現れるよう促す。教材は歌詞だけではなく，国語の教科書などから選んでもいいだろう。

言葉を明瞭に発音することは大切であるが，表情が伝わるように発音しなければ意味がない。例えば同じ「か」から始まる言葉でも「かわいい」と発音するのか，「かなしい」「カッコいい」と発音するのかによって語頭から表情が変わってくるはずである。このように歌う前に言葉や歌詞の意味を捉えて声の響きを工夫する経験は，言葉の感覚を磨き，歌唱表現を豊かにするだろう。

⑥ 地声と裏声の問題

人間の声域（発声可能な低い音から高い音までの範囲）は複数の声区に分かれている。一般的に知られる「地声」と「裏声」が異なった声区であると言えばわかりやすいだろう。私たちの普段の話し声は地声であるが，特に驚いたときなどは裏声を，つまりチェンジボイスを自然に使っている。

戦後の学習指導要領の変遷において，声区とかかわる発声の問題は重要な課題であった。1951（昭和26）年の学習指導要領の改訂において「頭声発声」，1958（昭和33）年の同改訂では「頭声的発声」とたどり，1998（平成10）年の同改訂では「自然で無理のない声」，2008（平成20）年の同改訂及び2017年3月告示の学習指導要領では「自然で無理のない歌い方」（第3・4学年），「自然で無理のない，響きのある歌い方」（第5・6学年）と表記されて現在に至っている。

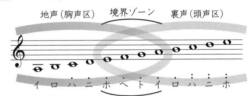

図3（地声と裏声の区分を示した譜例）

ここでは声区の問題を，小学校音楽科指導の実際に鑑みて，地声（胸声区）と裏声（頭声区）の2区の観点から考える（図3参照）。また本項では裏声を響きのある歌声として捉える場合に「頭声」，同様に地声を響きのある歌声として捉える場合は「胸声」の用語を用いることとする。

歌唱時に地声の範囲だけで歌うと，ある音から上は出なくなり，無理に歌うと叫び声やかすれた声になったりする。あるいは高音が出なくなるところで突然裏声にひっくりかえってしまい，太い地声とか細く頼りない裏声との差が歴然として，響きの統一感を失ってしまう。歌う者にとって地声はボリュームがあって気持ちのよい声かもしれないが，声域が広がらない原因になり，他の人の声と調和がとれず，クラス全

体に影響を与えることもある。この解決法として，地声を一切使わず裏声のポジションで歌わせるという方法もあるが，そうすると低音の響きが得られないジレンマが生じる。一方，子どもがうれしい，楽しいといった感情を歌に表すとき，地声的な表現が自然と感じられることもある。これらの問題意識から，地声と裏声の2区をスムーズに移行させる方法が必要になる。

⑦ 声区の使い分けから融合へ

小学校音楽科の指導においては，まず自然に頭声区に転換するチェンジボイスを子どもたちにつかませることから始めたい。前述の（1）で示したように，声の多様な表現を通して，チェンジボイスを自然に身につけることができる。また，頭声発声を体得するために，次のような上行音形を使うと効果がある（譜例4）。

譜例4

これを半音ずつ上げて歌ってもいいだろう。ただし高音域を無理に歌わせると，発声器官をコントロールする筋肉を硬直させるので注意が必要である。

次に《あの雲のように》（外国曲，芙龍明子作詞）の譜例を示す。譜例5はト長調，譜例6はハ長調で書かれている。譜例5を使うと裏声のポジションがつかみやすく，高いレの音（ニ）に向かう上行音形にのせて，のびやかな頭声を引き出すことができる。

譜例5

譜例6

一方，譜例6は地声で歌える音域なので，その条件を利用して，地声の響きの改良を進めることができるだろう。まず一度小さめの声（mezza voce）で子どもたちに歌わせる。小さめの声で歌うという意識は，自分の声と他者の声の両方を聴くという意識につながる。次に「やわらかい」「気取った」「丸みのある」など，感覚に働きかけて声の音色や歌い方の表情の変化を導き出す。このように地声のポジションで音量や声質の可変性を体験させながら，少しずつ豊かな共鳴をともなった胸声発声へと近づけていく。

声区については声楽の専門的な立場から諸説あるが，「頭声」と「胸声」の2区を基本線とし，頭声区と胸声区の間に両区が混ざり合う「中声区」を置く考え方がある。譜例6のハ長調の調性を半音ずつ上げたり，譜例5のト長調の調性を半音ずつ下げたりしながら，頭声と胸声が混ざり合う中声区の音が自然に歌えるよう指導を工夫する。

低学年の児童はまだ発声の技術を習得するには早いので，まず裏声のチェンジボイスを経験させながら頭声発声の指導を徐々に進める。中・高学年では身体の発達に即して，よりのびやかな頭声と立体感のある胸声になるよう指導の充実を図る。頭部にある共鳴ボックス（共鳴腔）と胸部にある共鳴ボックスが響き合ってくると，地声と裏声の境界ゾーンの不安定感も解消されていくだろう。

⑧ 変声期について

男児は早ければ4～5年生ごろから変声が始まり，まず高い音域が歌えなくなる。その後，声域は徐々に低音へと広がっていく。変声には個人差があり，歌うことに支障なく自然に声域が下降するケースもあれば，声域が極端に狭くなったり，声がかすれて出なくなったりすることもある。

個々の状況を判断し，無理強いは避け，変声期の児童が歌唱に参加できるよう配慮したいものである。具体的には，皆と同じ高さで歌えなくなるので，旋律を歌うときに調を変えたり，

合唱ではアルトパート（場合によってはテノールの音域）を歌わせるなど，変わっていく声域に合わせて歌えるようにする。

女児の場合，男児のような変声はなく，声域もほとんど変わらないが，身体の発育にともなって響きに幅が出てくる。この段階で高音を出すのがおっくうになったりすることもあるので，継続的な指導が必要である。

（4）曲想表現

学習指導要領では，歌唱領域における「思考力・判断力・表現力」の目標として，曲想を感じ取ったり，曲の特徴を捉えたりしながら，表現を工夫することが示され，そのために歌詞表現についての知識や技能を活用し，どのように歌うかについて思いや意図を持つよう求められている。この目標の実現のためには，音・音楽を聴く対象として知覚し，感受する経験を積み重ねることが必要である。これは一言でいうと「感性を働かせる」ということになるが，歌唱活動においては，まず自分や他者が「どのように歌っているか」を意識的に聴くことが大切である。この意識的に聴くことが「どのように歌いたいか」という問いを生み出し，思いや意図を持った曲想表現へと学習を展開させる。

強弱の変化を表現する，リズムや音程を合わせる，言葉の表情を生かすなど，子どもたちは課題を見つけ，仲間と歌詞に共感したり，曲の解釈やイメージを共有しながらよりよい歌唱表現を追求していく。

教師は，児童が感性で捉えて「こんな感じで歌いたい」という思いを大切にし，「こんな感じ」を「曲想と音楽の構造や歌詞との関わり」（知識）と結びつけ，「表現をするために必要な技能」を習得・活用しながら曲の特徴にふさわしい表現ができるよう，児童の学習活動を支援する。

授業計画にあたっては，対象児童が感性・知識・技能の三つの局面を相互に関連させられるよう，教材研究と指導方法の精選を図ることが教師に求められる。

最後に，教師が子どもたちの前で表情豊かに歌い，明るく楽しい雰囲気をつくることが，どんな指導法よりも効果的であることをつけ加えておく。

やってみよう！　考えよう！

〈課題1〉

「交互唱から始めよう」

▶やってみよう

①《やまびこごっこ》 　　　（おうち・やすゆき 作詞／若月明人 作曲）

譜例7

教師役を順番に替えながら，交互唱の形態を使って擬音的な表現を試してみよう。

②《こぶたぬきつねこ》　　　　　（山本直純 作詞・作曲）

譜例8

4種の動物の気持ちや表情を変えて，歌い方や鳴き声を工夫してみよう。

〈例〉歌詞を「おおぶた　おおだぬき　おおぎつね　おおねこ」や「こぶた　こだぬき　こぎつね　こねこ」に変えて歌う。

〈例〉歌詞を変えずに動物たちの表情を「うれしい」「かなしい」など想定して歌う。

〈例〉自分たちのしりとり歌をつくって，擬音的表現を工夫する。

③グループに分かれて聴きあう

任意の曲（交互唱の形式で書かれた曲に限ら

ず）を1曲選んで，グループに分かれて互いの歌を聴き合おう。その際，グループ内でどのように歌いたいか，意見の共有を図ろう。

〈例〉同じ旋律（曲の一部でもよい）を複数のグループが順番に歌う。

〈例〉一つの曲をいくつかに分割し（例えば16小節の曲を4小節ずつ分けて），グループ単位で歌い継いでいく。

▶考えよう！

教師役の範唱や他のグループの歌を聴いて，歌い方の特徴や変化を感じることができたか，また自分の，あるいは自分たちのグループの歌唱表現を工夫する際，何を手がかりにしたか，話し合ってみよう。さらに感性で捉えた内容が，どのように知識や技能と結びついて表現として実現するか考えてみよう。

〈課題2〉
「響き合いを感じて歌おう」

▶やってみよう

①わらべ歌を使って輪唱・合唱する

《かごめかごめ》を教材に輪唱・合唱してみよう。さらに《かごめかごめ》の元の旋律ⓐに，同じ旋律で始まりの音が異なるⓑ（4度高い）やⓒ（4度低い）のパートを重ね合わせて合唱しよう。また，元の旋律ⓐにオスティナート（ostinato 同じ音形を繰り返す）のパートⓓをつけてみよう。

②パートナーソングで合唱する

異なった2曲がパートナーになるパートナーソングを使って合唱してみよう。

〈例〉文部省唱歌《春がきた》と同《ふじ山》（前半の8小節）を同時に歌い進める。

▶考えよう！

声部（パート）の重なりを聴きながら自分のパートを歌うことができたか。より美しく響き合うために何が必要か，音程，発声法，音量のバランス，聴き方などの観点から考えて工夫してみよう。

（中嶋俊夫）

図9

2. 器楽指導のポイント

(1) 器楽指導の意義や特徴

① 器楽指導の意義と可能性

　明治期に〈唱歌〉として開始された日本の学校音楽教育において，器楽指導が全国的に広く実践されるようになったのは，戦後の学習指導要領において，その内容がより具体的に示されるようになってからである。その後，音楽科教育における器楽指導は，日本の楽器産業の成長とともに飛躍的な発展を遂げ，現在では西欧由来の楽器に限らず，和楽器・諸民族の楽器・電子楽器など，様々な楽器が授業で活用されている。このような多様な楽器を用いる器楽活動では，幅広い音域，音量，音色を用いた表現が可能であり，歌唱とは異なった独自の音楽体験を得ることができる。

　様々な楽器を用いる合奏の際には，各パート内・パート間のコミュニケーションや，楽器の特性を生かした協調が必要であり，基本的な社会性が育まれる。小学校の授業で学習する多様な楽器を用いれば，最終的にはクラシックからジャズまで，様々なジャンルの音楽を合奏することが可能である。

　また器楽は，音楽科のみならず，総合的な学習の時間や特別活動などでの活用も期待される。例えば，国際交流に関する活動では，和楽器や諸外国の楽器の演奏が行われることもある。各種行事でも，学習発表会・学芸会における合奏の演奏発表や，運動会での民舞・ダンスなどにおける楽器の活用などがみられる。

　小学校における多様な楽器との出合いは，中学校・高等学校さらに生涯学習という，音楽との発展的な関わりの基盤として，重要な意味を有している。吹奏楽，オーケストラ，バンド，地域芸能など，様々な音楽活動の基礎が，小学校の器楽活動には含まれているのである。

② 小学校音楽科で扱われる楽器

　世界の各地に存在する多種多様な楽器は，声や手拍子など身体を拡張する道具として，風土や環境に適した素材から生み出され，改良を加えられながら現在の形に発展して来た。各種楽器の分類には，管楽器・弦楽器・打楽器・電子楽器などの発音原理による分類，金属・木・革などの材質による分類，和楽器・ラテン打楽器など発祥地による分類など複数の方法がある。音楽科では，これらの分類法が複合して用いられており，身体打楽器（ボディー・パーカッション），手づくり楽器，鍵盤楽器，リード楽器（ハーモニカ，アコーディオン），電子楽器（電子キーボード，電子ドラム），諸外国の楽器，旋律楽器，低音楽器などの語が用いられている。

　平成29年改訂の学習指導要領の「指導計画の作成と内容の取扱い」(5)では，小学校で取り扱う各種楽器が，以下のように示されている。第3-6学年では，当該学年より低い学年の楽器も含む。

```
各学年の打楽器：木琴，鉄琴，和楽器，
　　　　　　　諸外国の楽器を含める。
第1-2学年の旋律楽器：オルガン，
　　　　　　　鍵盤ハーモニカなど
第3-4学年の旋律楽器：リコーダー，鍵盤楽器，
　　　　　　　和楽器など
第5-6学年の旋律楽器：電子楽器，和楽器，
　　　　　　　諸外国の楽器
```

　授業で取り扱う楽器は，各学校や地域の実態（所有状況），子どもたちの興味・関心や学習状況の実態を踏まえて選択される。状況に応じて，ベルやチャイムなどの楽器を使用しても，低学年で和太鼓や電子キーボードを用いても構わない。基本的に，世界中のどの楽器も授業で使用することが可能であることが示されている。

（2）器楽指導の内容

① 器楽演奏の過程と指導の内容

　器楽表現においては，各楽器の基礎的な知識や演奏技能が必要となるが，指導内容が知識・技能に偏重しないよう，児童の興味・関心が高まるような配慮が不可欠である。一方で，基礎的な知識・技能が学習されないと，学年の進行につれて授業への参加が困難になるため，無理のない段階的な指導の工夫が同時に要求される。

　器楽演奏における学習指導の課題は，大きく以下の三つに分析することができる。

　A〈音楽的表象〉演奏する音のイメージの形成
　B〈演奏技能〉演奏のための動きの獲得
　C〈フィードバック〉ＡＢの協調の判断

　指導者は，学習者に必要とされている課題を適宜分析し，段階的に目標に導く必要がある。

　楽器を演奏するためには，「どのような音を出すのか」が事前にイメージされていなければならない。ここで言うイメージとは，海や山といった具体物を表すイメージではなく，「音そのもの」がどのように響くのかという〈音楽的表象(A)〉である。教師や録音の範奏を聴くことから，音のイメージを得るのが〈聴奏法〉であり，楽譜からそれを読み取るのが〈視奏法〉である。音楽的表象は，単純なものから，表現の工夫（後述）を加えた高度なものまで，様々なレベルのものがある。

　音楽的表象を楽器の操作を通じて実際の音にする身体の動きが〈演奏技能(B)〉である。演奏技能には，姿勢，手の形，指使い，呼吸，タンギング等様々な側面があり，楽器によって異なる。子どもの実態や教材に応じた課題の把握が指導において必要である。

　〈フィードバック(C)〉は，出したい音が思いどおりに演奏できているか，言い換えればＡとＢがうまく協調しているか判断するプロセスである。ここでは，まず本人が自身の奏している音や自身の動きに注意することが必要である。また，教師やペアの子どもなど他者が判断する場合もある。

　子どもが楽器を演奏できない場合，どの過程が課題になっているのかを把握する必要がある。例えば，読譜につまずき，どのような音を出したらよいのかがイメージ出来ていない場合は，範奏等を繰り返し理解するための学習が必要である（A）。出す音が分かっていても，指の動かし方が分かっていない場合は，運指等を確認する必要がある（B）。

　教師の机間巡視等による個別の評価が必要であるが，カードによる自己評価やペアやグループによる相互評価（カードなどの活用）も，課題の発見に対して有効である。

② 聴奏・視奏など音楽基礎能力の育成

　器楽演奏の学習には，主として聴奏法・視奏法・即興演奏の三つの方法がある。これらは，学年や子どもの学習の実態に応じて，組み合わせながら指導していく。

1）聴奏法

　楽譜を用いずに，既存の楽曲やその一部の範奏（模範演奏）を聴き取り，模倣して演奏する方法である。聴奏法は，次に述べる視奏法や即興演奏の基礎となる活動である。

　聴奏法は，リズム楽器（打楽器）や旋律楽器の狭い音域で，比較的単純なフレーズを演奏するのに適している。範奏の際には，学習者が模倣・記憶しやすいように，楽曲を部分に区切って，一定の回数反復する必要がある。また，リズム唱（タンタカ，ドンドコなど）や音名唱（ドレミ）を補助として用いることも有効である。

2）視奏法

　楽譜から演奏に必要な音楽的情報を読み取って演奏する方法である。楽譜には，五線譜の他にも，図形楽譜，絵譜（絵を楽譜として用いる），リズム譜，簡略譜，奏法譜（タブラチュア）等があり，学年や扱う楽器に応じて適切なものを取り上げる（譜例①〜④参照）。和楽器では，五線譜とは異なる，数字や文字などによる独自の記譜法を用いる場合もある。いずれも，聴奏法や即興演奏と組み合わせて楽器に慣れ親しんだ後に，徐々に視奏法へと移行する。

譜例①：絵譜　譜例②：図形楽譜　リズムなどを絵や図によって表す

譜例③：リズム譜　音高は示さず，リズムのみを記す

譜例④：簡略譜　使用音が少ない場合，五線の一部で音高を示す

　他に，演奏する弦を数字や図で記す奏法譜（タブラチュア）がある。
　リズム打楽器の視奏は，図形楽譜や絵譜から導入し，リズム譜（リズム唱）へと発展させるのが一般的である。旋律楽器では，絵譜，一線譜，二〜三線譜から五線譜（音名唱）へと発展させる。西洋で発展した楽器は，ドレミ（音名）で読んだり歌ったりして学習指導する方法が，現在では一般的である。和音演奏にはコードネーム（CFG₇など）や和音記号（ⅠⅣⅤなど）が用いられることもある。
　歌唱と異なり，楽器による旋律の演奏では，演奏に必要な「音名」の把握が必要となり，徐々に読譜の指導が必要になってくる。五線譜の学習が進む，3年生以降で学習の開きがみられることがあるが，楽器演奏そのものより，読譜でつまずいている場合も少なくない。特に鍵盤ハーモニカやリコーダーなどの旋律楽器では，一音ずつ音を段階的に学習指導し（一音累加方式），様々な楽譜や聴奏法を組み合わせて，読譜に習熟していくよう指導の工夫が必要である。

3）即興演奏
　楽譜によらず，その場で音楽をつくりながら演奏する方法。音楽づくりの基礎になるもので，高度に発展させることもできる。器楽の学習指導の基礎としての側面に関して述べたい。
　身体打楽器やリズム打楽器では，聴奏法で様々なリズムを模倣する活動の後に，即興演奏に発展することができる。例えば，4拍分のリズムを即興で打ち，それを他の子どもが模倣する，リレーしてつなげるなどである。これらは，リズムの音楽づくりの基礎となり，また同時に身体打楽器や打楽器の技能の習熟にもつながる。即興演奏は，まず1小節程度の短いもので始め，慣れて来たら段階的に長くしていく。
　旋律楽器では，新たに学習した音でリズムや簡単な旋律の即興を行うことで，運指や奏法に慣れることができる。例えば，鍵盤ハーモニカでドの音を覚えたら，その音でいろいろなリズムを即興で演奏してみる。さらに，音を二つ（ドとソ，ドとレなど）学習したら，その2音を使って即興的に演奏するなど，活動を発展させていく。リコーダーでも，シ→シラ→シラソと，運指の学習に伴って短い旋律を即興演奏することによって技術的に習熟できる。
　即興演奏の際には，「間違いはない」として，緊張しないような雰囲気づくりが重要である。既存の楽曲や楽譜からの演奏に限らず，即興演奏によって楽器の奏法に習熟することができる。

③ 曲想や音楽の構造に応じた演奏表現の工夫
　演奏においては，楽譜に示された音を単に楽器に移し替えるだけでなく，演奏者の感性や解釈に応じた表現の工夫ができる。同じ楽曲であっても，演奏者の感じ方によって表現は多様であり，個性や創造性が演奏表現の工夫へと反映されるのである。そのためには，曲想を感じ，音楽の構造を理解し，どのような表現がよりよいか思考・判断することが必要となる。演奏表現の工夫には，以下のような観点がある。

1）テンポの設定や緩急の工夫〈アゴーギク〉
　楽曲のテンポ（速度）設定を変えることによって，表現の違いが生まれる。また，部分的にだんだんと遅くしたり（リタルダンド *rit*），速くしたり（アッチェレランド *accel*）することによっても，表現を変化させることができる。

2）強弱の変化やバランス〈デュナーミク〉

楽曲の中で，強弱を変化させることによって，様々な表情が生まれる。逆に，強弱をまったく変化させないと，一本調子の演奏になってしまう。f（フォルテ＝強く・大きく），p（ピアノ＝弱く・小さく），$cresc$ ＜（クレッシェンド＝だんだん強く・大きく），dim $decresc$ ＞（ディミヌエンド，デクレッシェンド＝だんだん弱く・小さく）など，強弱を変化させる記号が楽譜に表記されていることもある。これらの記号が指定されていない箇所でも，必要に応じて強弱を工夫する。

3）各音の長短や表情の変化〈アーティキュレーション〉

各音を変化させることによって，演奏表現に多様性をもたせることができる。強く強調するアクセント，音を切って演奏するスタッカート，音をなめらかにつなげるスラー（レガート）などを，曲想に応じて組み合わせて演奏に表情をつける。

4）音色の工夫〈奏法の工夫〉

楽器は，奏法を変化させることによってさまざまな音色をつくり出すことができる。身体打楽器である「手」であっても，叩き方によって，様々な音色が出せる。手のひら，手の甲，指，爪，くぼめた手のひらなど，奏法の工夫によって多様な音色を生み出すことができる。リズム打楽器のトライアングルやタンブリンでも，打つ位置や強さ，打つ方法やばち（ビーター）などによって，様々な響きを得ることができる。鍵盤ハーモニカやリコーダーでも，息のスピードによって，響きが変化する。奏法を変化させること，楽器への働きかけを変えることによって，多様な音色や響きが生み出されることを，低学年から体験し学習することが望まれている。

5）楽器や音色の組み合わせ〈オーケストレーション〉

リズム伴奏や合奏に際しては，楽器の編成によって様々な音色の組み合わせが可能になる。楽譜や教科書であらかじめ楽器が指定されている場合が多いが，学級の実状に応じて他の楽器を加えたり楽器を変更したりすることによって，さらに多様な表現が生まれる。楽器を演奏者が選択するようになっている楽譜・教材もある。いずれの場合も，楽曲や楽器の響きの特性を生かした選択が必要である。

以上のように，音楽の諸要素を変化させることによって，同じ曲でも様々な表現の工夫が可能である。近年音楽科で着目されている，音楽的な知覚・感受，表現に関しての思考・判断などが，これらの演奏活動では必要とされる。

（3）器楽指導のポイント

① 楽器指導の一般的な留意点

楽器奏法への導入は，音あそび，模倣（聴奏法），即興演奏などを通じた様々な関わりを通じて楽器に親しみ，各楽器の基本的な奏法を学習していく方法が注目されている。最初から常に楽譜を読んで演奏するのではなく，楽譜を用いない前述のような多様なアプローチを組み合わせた指導が求められる。

② 学習形態の工夫

器楽の学習と指導に際しても，様々な学習形態を工夫する必要がある。奏法の説明など全体が共有する必要があるものは，一斉指導が適している。一方で，技能の習得には個人差があるため，個別学習（個人練習）の時間も必要になる。さらにペアや小グループをつくり，子ども同士で奏法を確認したり，教え合ったりする相互学習を一斉指導・個別指導と組み合わせて行うことが，技能の定着と確認に有効である。子どもたちによる協働的な学びは，技能習得や演奏表現の工夫に際しても大きな効果をもたらす。

③ 習熟度差に対する対応

学年の進行につれて，技能の習熟度に個人差が生じることがある。そのような場合は，技術の難度の異なるパートを準備し，各人が課題を選択できるような教材の工夫が有効である。また，進度の速い子どもをグループのリーダー役にするなど，編成を工夫したグループ活動も考えられる。演奏の結果のみならず，積極的な活

動への取り組みの姿勢を肯定的に評価することが，さらなる学習への動機を強化する。

④ 合奏への発展・展開

段階的な合奏への展開に活用できる視点を示す。

1）オスティナート伴奏

オスティナートというのは「執拗な」という意味のラテン語から派生した音楽用語で，同じリズムや音型を繰り返すことを意味する。これは，音楽の最も単純で基礎的な形式であり，伴奏にもよく用いられている。ロック，ジャズ，サンバ，和太鼓，行進曲などは，短いリズム・パターンの反復によるリズム伴奏が加えられている。また，日本のわらべうたや民謡，カノンも，いくつかの音高を選択したオスティナートで伴奏できる（64ページ参照）。

2）カノン（輪奏）

同じ旋律をずらして演奏することによって，音の重なりが生まれ，合奏に発展できる。「かえるのうた」が知られているが，「雪のおどり（64ページ参照）」「かねがなる（グーチョキパーで……）」などの曲もカノンで，また「パッヘルベルのカノン」などバロック音楽も教材になっている。一斉に旋律を練習した後，すぐに合奏ができるという点が有用である。

3）副次的旋律

主となる旋律をかざる旋律は，副次的旋律と呼ばれる。主旋律をハモらせるものや，主旋律の途中に間の手のように加えるものなどがある。主旋律が演奏できるようになったら，副次的な旋律も学習するなど，学習の進度差を配慮した指導にも有効である（65ページ参照）。

4）楽器編成の拡大・工夫

演奏できる楽器数が増えるのに応じて，合奏のパート（声部）数を増やすことができる。各声部の役割を生かした演奏ができるような，楽器の特性に応じた編成が求められる。合奏に際しては，楽器間の音量のバランスに配慮することが必要である。主旋律が聴こえるように，副次的旋律，伴奏，リズム楽器などの人数やダイナミクス（強弱）を調整する必要がある。

やってみよう！ 考えよう！

〈課題1〉

ことばにリズムを重ねよう

教材：《おもちゃのチャチャチャ》譜例⑤

▶やってみよう

①歌詞でうたってみよう。

②「チャチャチャ」に合わせて身体でリズムを打ってみよう。手で，足で，隣りの人と…どのような方法があるだろうか。

・「チャチャチャ」のことばには，何種類のリズム・パターンがあるだろうか。

③「チャチャチャ」の部分に打楽器を加えよう。

・歌詞の内容にあう音色の打楽器を探してみよう。また，楽器以外のもので，よい音がでるものを探して使ってみよう。

・いろいろな方法で，選んだ楽器を歌の「チャチャチャ」に合わせて演奏してみよう。

▶考えよう！

最初から打楽器で演奏する場合と，あらかじめ身体でリズムを打った場合とでは，どのような違いがあるだろう。また「チャチャチャ」のことばがない曲ではどう展開できるだろう。演奏を振り返り，打楽器を用いた活動の指導について考えてみよう。ことば，身体打楽器，打楽器をどのような順序で学習するとよいだろう。

〈課題2〉

カノンとオスティナート伴奏で合奏をしよう

教材：《雪のおどり》譜例⑥

▶やってみよう

①旋律を歌ってみよう

・旋律を歌詞で歌ってみよう。次にカノン（輪唱）で歌ってみよう。2パートと4パートで輪唱してみよう。どこから次のパートが入ると調和するか（ハモるか）試してみよう。

②旋律を楽器で演奏しよう

・旋律をドレミで歌ってみよう。同じ旋律パターンが，どこに出てくるか，楽譜を見て反復を確認しよう。

譜例⑤:《おもちゃのチャチャチャ》

野坂昭如 作詞／吉岡 治 補作／越部信義 作曲

譜例⑥:《雪のおどり》

油井圭三 作詞／チェコ民謡

- ドレミで歌ったら，楽器で演奏してみよう。どの楽器で演奏したらよいだろう。
③旋律を楽器で輪奏して重ねてみよう
- 楽器で旋律が演奏できるようになったらカノンで演奏してみよう。
- グループで楽器編成も考えてみよう。
④オスティナート伴奏を加えてみよう
　いろいろな高さのレ（D）とラ（A）の音を用いて，短いリズム・パターンを繰り返す，オスティナート伴奏を加えてみよう。どのような楽器の組み合わせがよいだろうか。ベル・チャイム・オルフ楽器があったら加えてみよう。

▶考えよう！
　合奏教材としてのカノンの有用性を考えてみよう。他の合奏教材と比べてどのような特長があるだろうか。
　前奏や間奏を考えて作ってみよう。まず，オスティナート伴奏を順番に重ねていこう。次に，レミファの3音で，またはレミファソラの5音で旋律をつくってみよう。
【発展】《さくらさくら》の旋律を楽器で演奏し，オスティナート伴奏，前奏・間奏を作ってみよう。和楽器があれば加えてみよう。
伴奏に使用する音：ミラシ EAB
前奏・間奏の旋律に使用する音：ミラシ EAB
　または　ミファラシドミ EFABC

〈課題3〉

声部の役割を考えて合奏しよう
教材：《聖者の行進》譜例⑦
▶やってみよう
①主旋律を演奏しよう
- 主旋律を演奏しよう。どんな楽器が適しているだろうか。5音だけでこの曲の主旋律はできている。音名でも歌ってみよう。

譜例⑦:《聖者の行進》

小林幹治 作詞／アメリカ民謡／吉原 順 編曲

②副次的旋律を演奏しよう
・旋律と同じ部分，違う部分を確認しよう。どの楽器が適しているだろう。

③低音楽器を加えよう
・低音楽器を加えてみよう。楽譜（ト音記号）に書いてある音域と，1〜2オクターブ低く演奏したときと，響きの違いを比べよう。

④打楽器を加えよう
・行進曲のリズムを加えてみよう。まず手と足でリズム伴奏を演奏してみよう。さらにこの曲に合う打楽器を選んで合奏しよう。

⑤音量のバランスを考えて合奏しよう
・上記のパートを分担して合奏してみよう。音量のバランスはどうだろう。指揮者の意見や録音を聴いて，調整してみよう。

※上記③④の楽譜は，教育出版　小学校音楽教科書『音楽のおくりもの3』を参照。

▶考えよう！
　小学校の授業では，どのような順番で各パートを学習したらよいだろう。パートの分担はどのように行ったらよいだろう。

〈課題4〉
楽器の編成を工夫して合奏・編曲しよう
教材：《ルパン三世のテーマ》
　※《ルパン三世のテーマ》の楽譜は，教育出版　小学校音楽教科書『音楽のおくりもの5』を参照。

▶やってみよう
①パート分担
・グループ内で演奏できる楽器を出しあい，パートを分担しよう。どの部分をどの楽器で演奏したらよいだろうか。リコーダー，鍵盤ハーモニカ，ピアノ，鉄琴，キーボード，低音楽器など，演奏できる楽器が他にあったら編成に加えてみよう。ギター，ベース，ドラム，トランペットなど。曲想に適した楽器の音を，電子キーボードで探して演奏してみよう。

②表現を工夫してみよう
・各パートの練習ができたら合奏してみよう。
・楽器間の音量のバランスを考えてみよう。旋律が聴こえない部分はないだろうか。一番盛り上げるところはどこだろう。
・曲想が変わる部分はどこだろう。どのように演奏を変えたらよいか，強弱，楽器編成，音の出し方などを工夫してみよう。

③編曲を工夫してみよう
・旋律のリズムが原曲と違う部分はどこだろう。原曲を聴いて，原曲のリズムどおりに旋律を演奏してみよう。
・他の編曲楽譜を探し，参考にしてみよう。

▶考えよう！
・演奏を発表する場所と機会を考えてみよう。大学内，小学校，公民館，各種施設など。どのような可能性があるだろうか。

【発展】グループで演奏したい曲を選び，楽譜を探し，合奏用に編曲して演奏しよう。

（中地雅之）

(4) 各楽器の種類や奏法

① 旋律楽器

旋律楽器とは，楽曲の旋律（主旋律や対旋律など）を演奏することに適した楽器のことである。ここでは，小学校で扱われることが多い鍵盤ハーモニカとリコーダーを取り上げる。

■鍵盤ハーモニカ
[特徴]

鍵盤ハーモニカは，息を吹きこみ，空気の流れをつくりリードを振動させて音を鳴らすリード楽器である。鍵盤の位置を視覚的に確認しながら演奏できるので，低学年で導入されている事例が多い。小学生に使用されている楽器は32鍵のタイプが多い。なお，メロディオン，ピアニカ等の名称は商品名であるので，楽器名としては，「鍵盤ハーモニカ」という。

[奏法のポイント]

○座って演奏するときは，楽器本体を机等の上に置き，ロングホースを使って演奏する。唄口（マウスピース）は噛まずに唇で軽くはさむようにし，左手で軽く支えるとよい。

○立って演奏するときは，左手で楽器を持ち（親指以外の指4本を楽器本体下のベルトに通して楽器を支える），短い唄口（マウスピース）をつけて演奏する。

○鍵盤ハーモニカは，基本的にタンギングを用いて演奏する楽器である。タンギングとは，舌を使って，「tu tu（トゥー トゥー）」と発音するように息を吹き込むことである。特に，同じ音の高さの連続音を演奏するときは，鍵盤を弾きなおすのではなく，タンギングで音を連続して演奏する。鍵盤ハーモニカでタンギングに親しめると，それがリコーダーの学習へとつながる。

○指の形は，写真のように軽く丸めた形で鍵盤を弾くとよい。

○楽器の演奏に慣れてくると，息の量の変化による強弱表現や，スタッカート，レガート等の音楽表現が豊かにできる楽器である。

■リコーダー
[特徴]

リコーダーは息を吹き込み，空気の気流の変化で音を鳴らすエアリード楽器である。リコーダーの種類は，バロック式（イギリス式，BやEと記されている）とジャーマン式（ドイツ式，GやDと記されている）がある。音によって運指が異なるので，あらかじめ，どちらの形式のリコーダーか確認しておく必要がある。リコーダーは，中学年でソプラノリコーダーを導入している事例が多い。

[奏法のポイント]

○リコーダーを演奏するときの姿勢は，肩には力を入れすぎず，肘は体から少し離すようにして楽器を自然に構えるとよい。

○リコーダーは，左手を上，右手を下に構える。左手の親指をリコーダーの裏の指穴に，人差し指を表の一番上の指穴に置き楽器を支える。

○演奏するときの口の形を，アンブシュアという。吹き口を下唇の上に軽くのせるように構える。吹き口を口に深く入れすぎたり，歯で噛まないように気をつける。

○ソプラノリコーダーの導入時には，中音域の「シ」,「ラ」,「ソ」など左手を用いる音から始め，徐々に右手へと音域を拡大していとよい。
○指穴は，指の腹（指紋のあたり）のやわらかな部分を使い，隙間がないように閉じる。
○ソプラノリコーダーのオクターブ高い「ミ」,「ファ」,「ソ」などの音を鳴らすためには，左手の親指を少しだけずらして隙間をつくって演奏する。これをサミングという。隙間は髪の毛一本分くらいのイメージである。
○リコーダーできれいな音を鳴らすためには，舌を使って「tu tu（トゥー トゥー）」と発音するつもりで息を入れるとよい。この奏法をタンギングという。
○高い音を演奏するときのタンギングは，「ti ti（ティー ティー）」をイメージにすると息のスピードが速くなり音が出しやすくなる。
○息を強く入れすぎると，ピッチ（音の高さ）が上がったり，逆に弱すぎるとピッチが下がったりすることがあるので，適度な息の量をつかむことが大切である。あたたかな息をイメージするとよい。

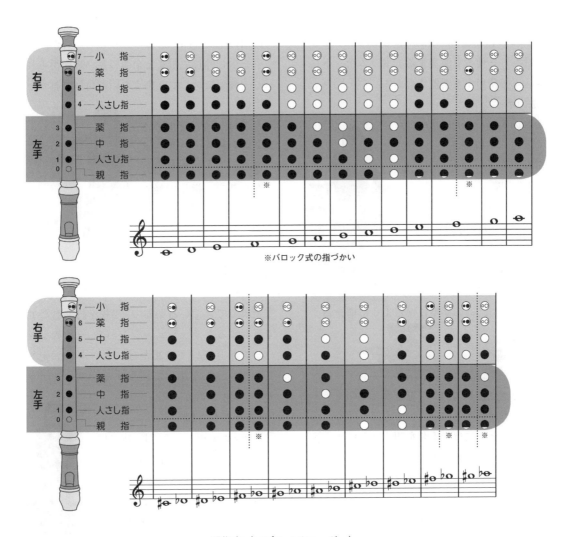

運指表（ソプラノリコーダー）

② 打楽器

　打楽器は，打つ，こする，振るなどの方法で音を鳴らす楽器で，構造的には，太鼓のように皮を振動させて音を出すタイプと，木琴のように楽器本体を振動させて音を出すタイプとに分けられる。打楽器は，民族楽器等を含めると世界に無数の楽器があるといわれているが，ここでは，小学校で使われることが多い打楽器を取り上げる。打楽器は，叩くというイメージをもちがちだが，いずれも，楽器をきれいに響かせるということをイメージして演奏するとよい。

■小太鼓（スネアドラム）

[特徴]

　両面に皮が張られている太鼓で，下側の皮面に金属製の響き線（スネア）が張ってあることから，スネアドラムともいう。2本のスティック（ばち）を使って演奏する。ドラムセットに組み込んで使用する楽器でもある。

[奏法のポイント]

○楽器の高さは，叩きやすい位置で，下腹部あたりに鼓面がくるようにセットするとよい。
○スティック（ばち）は，スティックの後方の1/3あたりの部分を握る。握り方は，親指と人差し指で持ち，他の指を軽く添える。手の甲を上にして，ハの字型になるように構える。

○手首を支点としスナップをきかせて叩く。
○叩く位置は基本的に鼓面の中心部を叩く。弱音にするときには縁よりを叩くとよい。
○響き線のオン・オフのレバーがついているので，使用しないときにはオフにしておく。
○スティックのバウンドを利用して，音を連続させるロールという奏法もある。

■大太鼓（バスドラム）

[特徴]

　両面に大きな皮が張られている太鼓で，低い響きを得られることからバスドラムともいう。通常は1本のばちで叩く。

[奏法のポイント]

○楽器のやや右横に立ち演奏する。
○右手でばちの後方1/3あたりを持ち，親指を上にし，他の指で軽く握る。小さい音を出すとき

は手首のスナップを使って打ち，大きな音を出すときはひじを支点として打つとよい。
○鼓面の中央を叩くとはっきりとした音が，中央を少し外して叩くと余韻の長い音が得られる。鼓面に対して直角ぐらいの角度で打つとよい。
○左手は，残響を止めるときに使う。ミュートともいう。鼓面の上方あたりを，指先で軽く触れるようにミュートするとよい。

■シンバル

[特徴]

　金属でできている楽器で，2枚を打ち合わせて演奏するクラッシュ・シンバル，1枚のシンバルを吊り下げて（またはスタンドに固定して）マレットを用いて演奏するサスペンデッド・シンバル等がある。

[奏法のポイント]

○クラッシュ・シンバルは，皮の根元を親指と人差し指で持ち，残りの指で皮を握り，楽器をやや斜めにして腹部あたりで構える。
○クラッシュ・シンバルの打ち方は，どちらかのシンバルを打ち

込み，もう一方のシンバルで受けるようにして打ち鳴らすとよい。なお，残響は楽器を体に近づけて止める等の方法がある。
○サスペンデッド・シンバルは，スタンドにセッティングし，マレットを用いて，縁の方を叩く。

■タンブリン
[特徴]
　タンブリンには，皮が張ってあるタンブリンと皮が張っていないモンキー・タンブリンがある。モンキー・タンブリンはポップス等で使われることが多い。
[奏法のポイント]
○左手で，ジングル（鈴の部分）のない部分を持つ。親指は鼓面側をおさえ，他の指で楽器の裏側を握る。

○右手で鼓面を叩くが，そのときに指をそろえて叩くようにするとよい。大きな音を出すときには手のひらを使って鼓面の中央を叩く。

○手首を使って楽器を振ってジングルを連続して鳴らすトレモロ奏や，親指の指の腹を使って鼓面をこすって鳴らすトレモロ奏法（フィンガー・ロール）などがある。
○モンキー・タンブリンは，左手で楽器を持ち，手首を左右に振って音を鳴らす。右手で枠を打つと，アクセントをつけることができる。

■トライアングル
[特徴]
　三角形の形状をした金属製の楽器である。金属製のビーター（ばち）を用いて鳴らす。
[奏法のポイント]
○左手の人差し指に紐を通し，親指と中指を添えるようにして楽器を顔の前あたりに吊るす。

○右手でビーターを持ち，三角形の底辺の中央部あたりを叩くと透明感のある音が響く。その際，ビーターを縦方向にもち，前方に押し出すように打つとよい。叩く位置やビーターの種類によっても音色が変わる。

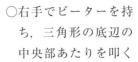

○トレモロ奏は，ビーターを使ってトライアングルの角の部分（下の角がよい）を細かく刻むように演奏する。

■カスタネット
[特徴]
　手のひらにおさまるサイズの木製の楽器で，二枚を打ち合わせることによって鳴らす。
[奏法のポイント]
○左手の人差し指か中指にゴムを通し，手の平の上に楽器を置く。
○右手の指先を使って打ち音を鳴らす。細かいリズムを演奏するときは，人差し指と中指を使って交互に打つ等，工夫するとよい。

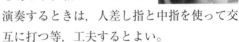

■鈴
[特徴]
　教育用として使われている鈴はプラスチック素材の輪に鈴がついているタイプのものが多い。
[奏法のポイント]
○左手で楽器を持ち，右手でこぶしをつくり，左手の手首のあたりを打つようにする。

○トレモロ奏は手首を使って左右に軽く振るようして演奏する。

2. 器楽指導のポイント

■マラカス
[特徴]
　ラテン系音楽で使われることが多いリズム楽器で、左右の手に一つずつ持ち、振ることによって音を出す楽器である。
[奏法のポイント]
○親指と人差し指で柄の部分をもち、他の指で軽く握り、腰の少し上あたりで構え、上下に振るように演奏する。その際、中に入っている粒が同時に移動するようなイメージで演奏するとよい。

○ロールは、下に吊り下げるように持ち、手首を使って回転させるように演奏する。上に構える方法もある。

■ギロ
[特徴]
　ラテン系音楽で使われることが多いリズム楽器で、棒でこすることによって鳴らす楽器である。木製のものが多い。
[奏法のポイント]
○楽器を共鳴させるため孔の部分が下側になるように、左手で楽器を包み込むように持つ。右手でスティック（棒）をもち、こすって音を鳴らす。

■クラベス
[特徴]
　ラテン系音楽で使われることが多いリズム楽器で、2本の棒状の木片を打ち合わせることによって鳴らす。

[奏法のポイント]
○2本あるうちの1本がばちの役目で、もう1本を響かせて鳴らすというイメージをもつとよい。そのため、左手で持つ楽器は、親指と他の4本の指先で支えるように持つ。ポイントは左手の手のひらと楽器の間に空間をつくることである。右手の楽器も軽く持ち（握り締めるのではなく）、2本をクロスさせるように打ち鳴らす。

■ボンゴ
[特徴]
　キューバの民族楽器で、ラテン系音楽に使われることが多い。大小の二つの片面太鼓をつなぎ合わせた楽器である。
[奏法のポイント]
○立奏の場合は、腹部あたりの叩きやすい位置にセッティングする。
○人差し指または中指の第二関節の部分で鼓面の縁あたりを打つ等、様々な叩き方がある。スティックを使って演奏することもある。

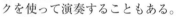

■カホン
[特徴]
　ペルー発祥の箱型の打楽器である。打面の裏側に響き線を張ってあるタイプのものがあり、気軽に持ち運べることから、近年、ドラムセット代わりに使われていることもある。
[奏法のポイント]
○箱型の楽器にまたがり、素手で打面やその縁を叩いて演奏する。打面の中央あたりは低い響きの音、縁の方を叩くと高めの軽い音が鳴るなど、叩く位置を工夫して演奏するとよい。

■ジャンベ(ジェンベ)
[特徴]
　西アフリカの民族楽器で深胴の片面太鼓である。元々,木製でヤギの皮が使われている楽器であるが,近年,プラスチック製でも響きのよい楽器も普及している。音楽教育の様々な場面で活用できる楽器である。
[奏法のポイント]
○座奏の場合は,膝に挟むようにして構える。その際,太鼓の底面を少し開けるように(響きを得るため),少し斜めに構えるとよい。

○素手で手のひら全体を使って鼓面の中心部を叩くと低い音,鼓面の縁のあたりを指をそろえて叩くと高い音が鳴る。鼓面をバウンドするように叩くとよい音が出る。

■シロフォン,マリンバ(木琴)
[特徴]
　木製の音板をもつ鍵盤打楽器である。シロフォンは甲高く硬い響きであるのに対し,マリンバは深く豊かな響きがする楽器で,シロフォンより大型である。何れもいわゆる木琴である。
[奏法のポイント]
○マレットの持ち方は,マレットの後方の1/3あたりの部分を握る。握り方は,親指と人差し指で持ち,他の指を軽く添える。手の甲を上にくるようにして,左手を前方に,右手を後方に構える。

○音板の中央あたりを,マレットで軽く弾ませるように打つとよい。
○シロフォンでは,樹脂性のマレットを使うことが多い。マリンバでは,毛糸や綿糸が巻かれたマレットを使うことが多い。マレットで音の響きが大きく変わるので,マレット選びは重要である。

■ビブラフォン(鉄琴)
[特徴]
　ビブラフォンは金属製の音板をもつ鍵盤楽器である。いわゆる鉄琴であるが,ビブラフォンには共鳴パイプの上にファンを回す機能があり,ビブラートをつけることができる。
[奏法のポイント]
○マレットの持ち方は,シロフォンと同じである。
○マレットは,綿糸が巻かれたマレットを使うことが多い。

※本稿では,右利きを想定して説明してきたが,楽器の持ち方などは,利き腕や持ちやすさによって変わることがある。
〈協力〉
打楽器奏法及び写真:早川千尋(打楽器奏者)
鍵盤ハーモニカ,リコーダー写真:相馬彩乃

(齊藤忠彦)

(5) 和楽器の種類や奏法

① 祭り囃子で使われる楽器
1) 大太鼓

　いわゆる和太鼓というと,写真のような大太鼓のことを思い浮かべる。これは革を胴に鋲で打って張った鋲打ち太鼓で,一般に胴はケヤキやカシなど堅い巨

木をくり抜いたものを用い,それに厚めの牛革を張る。
　大太鼓の置き方は,次ページの写真のような形態があるが,腕の振りおろしが最も自然で,初心者でも打ちやすいのは写真上のものである。
　太鼓のばちは,鉄棒を握るときのように親指

を回して握り、身体
は棒立ちにならない
で、肩幅以上に両脚
を開き、ひざを少し
曲げてバネのように
使う。肩から腕全体
を自然に振りおろ
し、向こう側の革に

音が突き抜けるようなイメージで打つ。革の中
ほどや端の方など、いろいろな場所を打ってい
ろいろな音を見つけてみよう。

腕を振りおろす距離が長ければ大きい音、短
ければ小さい音になる。小さい音からだんだん
大きく、大きい音からだんだん小さく等、いろ
いろと試してみよう。

いろいろな打ち方の例を楽譜と唱歌（太鼓こ
とば）で示す。同じ音符でも唱歌でニュアンス
の違いを感じ取ることができる。

2）締太鼓

締太鼓は大太鼓に対し小太鼓ともいう。写真
左のように革を麻ひもなどの調べ緒で締めあげ
て張力を出すのが普通だが、最近では写真右の
ようなボルト締めの締太鼓もある。ボルト締め
は革の締めあげが簡単で便利だが、重量がかな
りあるので落としたりしないように扱いに注意
が必要である。

楽譜は千葉県の佐倉囃子等で用いられる《仁
羽》の譜面である。「テケテンツク…」が締太
鼓のパートで、○印をつけた部分が太鼓を打つ
部分、「ツク」「ス」等は間をとって太鼓を打た

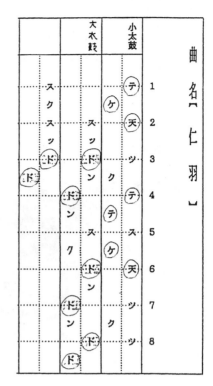

ない部分である。締太鼓がこの基本リズムを何
度も繰り返し、そこに大太鼓が比較的自由に打
っていく組み合わせの妙がある。大太鼓のリズ
ムは一例である。

3）当り鉦

単に鉦またはス
リ鉦ともいう。京
都の祇園囃子では
コンチキ、江戸囃
子では四助など
様々な呼び名があ

る。遠くまでよく響く鉦の音は、祭り囃子に欠
かせない。鉦は真鍮でできており、ばちは鹿の
角製のものを用いる。くぼんだ方の面をたたく。
やたらに強打せず、よい音の鳴るところを探し
てみよう。

② 箏

一般に琴と呼ばれるが、正式な漢字は箏であ
る。胴は桐でできており、中が空洞で共鳴する
ようになっている。糸（弦）の呼び名は、図の
ように「向こう」から一、二、三…斗、為、巾
となっている。調弦は様々な種類があるが、最

も代表的なのは楽譜に示した「平調子」である。「平調子」はいわゆる陰音階（都節音階）からなり、その音の並びで「さくらさくら」や日本古謡の「うさぎうさぎ」等の曲をすぐに弾くことができる。

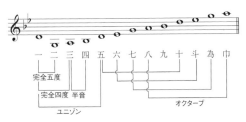

箏柱をほんの少し動かしただけで、微妙に調弦が変わるので、微調整はなかなか難しいが、ほどよく調弦された箏はよく共鳴して響きが大変美しい。

爪は流派により角爪（生田流）と丸爪（山田流）とがある。材質は象牙のものが糸への当たりもよく、音色もよいが、高価なので、現在では値段の手ごろなプラスチック製もよく使われる。指にはめる部分の爪輪はいろいろなサイズがあるので、いくつかの種類を用意して子どもに選ばせるようにする。

角爪（生田流）

丸爪（山田流）

糸に対する爪の当て方は、角爪の場合、爪のかどに糸が当たるようにする。右手親指を使ってしっかりと弦を弾き、次の弦でとめるようにするのが基本である。左手は常に弦の上に軽く置いておき、右手とのバランスをとる。

13弦のうち「七」の糸に目印をつけたり、あるいは弦名を示すシールを貼ったりするとわかりやすい。爪は最初は親指だけにはめて弾く

のでもよい。調弦は平調子だけでなく、ソラドレミ（ヨナ抜き長音階）やドミファソシド（沖縄音階）等、様々な音階に対応できる。

楽譜「さくらさくら」は箏の楽譜の一例で、縦譜ともいう。弦名を示す数字が「七七八…」と書かれている。この楽譜は、山内雅子による編曲で、旋律（Ⅰ）とオスティナート的な伴奏（Ⅲ）と高音の飾りのメロディー（Ⅱ）からなる。イラストのように、箏一面を子ども三人で分担奏するなどして、箏の響きに親しませたい。

③ 三味線

三味線の糸（弦）は太い方から順に、一の糸（Ⅰ）、二の糸（Ⅱ）、三の糸（Ⅲ）と呼ぶ。調弦は歌う人の声の高さによって決めるが、仮に一の糸をシの音に定めた場合、本調子、二上り、

三下りという基本的な調弦は下の楽譜のようになる。

本調子　　二上り　　三下り

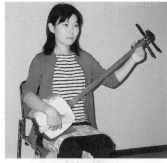
三味線の構え方

三味線を写真のように構える。二の糸の糸巻が耳の高さにくるように、棹が下がりすぎないように注意する。糸を弾いた後、皮面にばち先が当たって止まる。皮面に貼ってあるばち皮という半円の小さな皮の中にばち先が当たるように弾く。できればばち先をのぞきこまないように、姿勢に注意したい。左手には写真のように指かけをつ

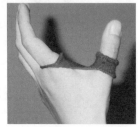
指かけ

三味線の弾き方

け、勘所（ポジション）を押さえる左手が棹に対してすべりよく動くようにする。

三味線の楽譜には様々な種類があるが、楽譜はその一例である。《勧進帳》の「寄セノ合方」の一部で、ドレミを１２３と数字に置き換えて表した数字譜である。

数字の左側に書かれてある「チンチン」「チンツン」等は、唱歌である。それぞれの弦の音色が、「チン」「ツン」「テン」等と唱歌で表されている。唱歌をうたうことによって、日本らしい曲の感じを捉えることができるので、唱歌をぜひ活用したい。

三味線は楽器を安定して構えることや、勘所を正確に押さえることは難しいが、シールを貼ったりして学習を助け、限られた勘所のみを使ってわらべうたを弾くところから始めてみよう。ビーン、ビーンという三味線独特の響きは、一の糸が上駒からはずれていてサワリ山に当たることから出る音色で、これを「サワリがつく」という。実際に楽器に触れて弾いてみることで、三味線の響きと音色を味わう学習を計画したい。

（本多佐保美）

〈参考文献〉
山内雅子・大原啓司編著『楽しい箏楽譜集』音楽之友社，2002年．

3. 音楽づくりの指導の意義や特徴

(1) 音楽づくりの考え方の系譜

　「音楽づくり」という用語は、2008（平成20）年に告示された第八次小学校学習指導要領において、初めて公的に登場したものである。創作的な活動分野は従前の学習指導要領にも常に置かれていたが、西洋近代の機能和声を前提とした「作曲」風の活動は、全体としては成功裡に運ばなかった。1989（平成元）年告示の第六次、1998（平成10）年告示の第七次学習指導要領では、「音楽をつくって表現できるようにする」という項目が立てられ、これらが施行された期間には、20世紀の作曲家たちが試行錯誤を重ねた多様な手法を参考にした創作的な活動の実践が、少しずつ積み上げられていった。「音楽づくり」という用語は、このような経緯を踏まえて公的に定着したといえる。

　音楽づくりのねらいとは、何だろうか。もちろん、この活動に取り組むことによって児童が成長し、力をつけ、自らの可能性を広げられるのでなくては意味がない。しかし児童が力をつけるということの具体的なイメージの描き方は多様であり、1980年代から始まっていた音楽づくりの先駆的な実践の背後にも、異なった系譜がある。将来音楽の授業を担当するためには、自ら活動のねらいを自覚する必要があるので、先人の考えの系譜を押さえておくことは大いに参考になるだろう。以下に簡単に述べておきたい。

　音楽づくりにつながる創作的な活動は1970年代後半から実践されていたが、その発想には二つの極がある。一つは「構成的音楽表現」というべき考え方、もう一つは「創造的音楽学習」と呼ぶべき考え方である。構成的音楽表現の理論的な背景は、ジョン・デューイの進歩主義教育で、出発点としては「子どもの成長における表現活動の意義」に着目したものである。創造的音楽学習の理論的背景は、英米で1950年代から始まった作曲家たちの取り組みによる、新しい音楽教育の発想である。ジョージ・セルフ、ブライアン・デニス、ジョン・ペインター、マリー・シェイファーなどの名を挙げることができる。非常に粗い言い方をすれば、教育学の発想が強調されている「構成的音楽表現」、音楽的発想が強調されている「創造的音楽学習」とまとめることも可能である。

　構成的音楽表現の考え方では、子どもが外界（他者や音の出る材料など）と関わりながら、自分の内面と対話し、何かを生み出し、それを外界へ表現するという一連の活動の深さを評価していく。例えば「空がにわかに暗くなり、激しい夕立がきた。じっと雨宿りをしているうちに、だんだん雨がやんで、またお日様がでてきた。さあ、また歩き出せる！　空気が洗われて、とても気持ちよくなった。」というひと連なりの経験を、音で表すことを考えてみよう。そこには、特にルールはなく、どのような素材から音を出してもよい。しかし、自らの経験を丁寧に振り返り反芻しながら、音や音の出し方や順序性を試しながら選ぶ。それは外から見て一目瞭然ではないが、子どもにとっては貴重な自己内対話の時間である。感じ、思考し、判断するプロセスである。そして考え出したものを表現として演奏するとき、外界の他者との関わりが生まれる。このように、構成的音楽表現の考え方では、子どもの思考（内面）と表現（外界へ生み出し伝えようとするもの）が、真につながっていることが、評価の大切なポイントになるのである。

　一方の創造的音楽学習の考え方は、創造性の育成を、20世紀の現代音楽の語法・技法に求めることから出発している。社会通念上「音

楽」と呼ばれるものは，人間が長い歴史において積み重ね発展させてきたものである。たとえつくり手が無名であったり，特に意識していなかったりしても，まとまり感を生み出す何らかの手法や仕組みが働いている。そのような原理を多様な取り組みによって再構築しようとしたのが，20世紀の西洋音楽の作曲家たちであった。創造的音楽学習は，そのような作曲家たちが考案した手法を取り入れながら，子どもに音楽の様式や構造の理解を促した。音楽を形成する様々な要素（例えば音色，音の重なり方，など）を工夫することのできる音楽的な操作力を，評価のポイントとして重視する方向だった。

　両者に共通しているのは，「教師が中心に教育内容を教え込む授業」を脱却し，子どもが自らアクションを起こし，試し，多くの場合友達と関わりながら表現活動を仕上げていくといった「構成主義的授業パラダイム」に裏打ちされていることである。平成30年代に教員養成課程で学んでいる人には信じがたいかもしれないが，1960〜80年頃の大半の音楽授業は，基本的に教師の一方的な指導のもと，歌唱や器楽の演奏を仕上げることに終始していたと言える。そのような状況の中で，音楽授業の在り方を真剣に模索した教師たちによって，現在の音楽づくりに連なる実践が始まる。その考え方には，「構成的音楽表現」「創造的音楽学習」の2極があり，その中間地点にそれぞれの教師の考えによる実践が位置づけられるが，いずれも徹底した構成主義的パラダイムに立ち，子どもの素顔や欲求をくみ取ることのできる授業を目指した点で共通していた。

(2)「音楽づくり」のねらいの捉え方

　平成29年版小学校学習指導要領が示している「音楽づくり」の内容はかなり複雑に見えるため，初めて学習指導要領について学ぶ人には，難しく感じられるだろう。しかし，上に述べた「音楽づくりのねらいは何か」という考え方の系譜を踏まえておくと，

1) 子どもが自ら深く感じ考え，音の出る素材や環境や他者と関わりながら，音楽づくりの表現活動をすること。その際，自己との対話，他者との対話を通して成長すること。
2) 教科「音楽」に特有の，音楽的な見方を用いて子どもが深く感じ考え，音楽づくりを工夫すること。それを通して，着実で汎用性のある思考や判断の資質を養うこと。

以上のどちらもが，そのねらいとして大切であるということが理解できるはずである。このことを，しっかりと踏まえておこう。

　音や言葉や，それらのリズムを体感したり操作したりして楽しむ資質は，必ず誰でももっているので，それを授業で引き出せるように，音楽づくりの活動の基礎的なアイディアを学び，自ら経験しておこう。

(3) 平成29年版学習指導要領における音楽づくり

　平成29年版学習指導要領における音楽づくりの活動内容は，大きく分ければ，

1) 音遊びや即興的な表現（例えば，簡単なルールの枠組みの中で，即興的に音を出してみること）を楽しみ，音楽的な発想を豊かにすること。そのようなタイプの音だし表現の技能を身につけること。
2) 音楽のもとになるような発想を，どうしたら音楽らしく構成できるか考えること。試行錯誤しながら，その技能を身につけること。

に集約される。この2点が，まさに「音楽づくり」の活動に特有な点である。この二つを，低学年から高学年の発達段階に応じた形で学べるような，クラス授業にふさわしい学習活動を開発していけばよい。以下では，幾つかのタイプの音楽づくりを例に挙げる。1)と2)が，それぞれ上記と対応する。

　前述してきたように，どの活動においても児童一人ひとりが，素顔すなわち自分の思いや考

えを出すことができてこそ音楽づくりの意義が生まれる。そのことを常に忘れることなく，授業を構想しよう。

（4）音楽づくりの活動例

■拍にのってつくる活動例

「拍の流れにのる」ことは，音楽科の学習内容としては最も基本的で重要なものの一つである。歌唱でも器楽でも「拍の流れにのる」ことのできる身体づくりとスキルの獲得は，重要な課題である。音楽づくりにおいても，これを意識した活動を大いに推奨したい。

【たん・うんリズムをつくる（低学年）】

1）たん＝手拍子，うん＝休み　というルールのもとで，4拍分の組み合わせパターンを自分で考える。

たん	うん	たん	うん

というリズムでもよいし，

たん	たん	うん	たん

でもよい。1年生では，このように自分で考えてつくる（決める）ということ自体がむずかしい。ペアあるいはグループで1パターンつくるなど，児童の実状に合わせ，無理のないようにする。

パターンができたら，クラス全員で輪になり内側を向く。4拍子の拍節にのりながら，
教師のパターン　→　全員で模倣　→　Aさんのパターン　→　全員で模倣　→Bさんのパターン　→　全員で模倣……（以下略）
のようにして回す。4拍子の拍は，機器に内蔵の打楽器音などを流し続けておくとノリがよくなる。

2）2拍子系の既成曲を聴きながら，その曲に合わせて打つのに適当であるような「たん・うんパターン」を考える。1）でパターンをつくっているので，ここでは既成の曲にどのようなパターンが合うか，聴きながら・実際に打ちながら，考えて表現する。

既成の曲は，例えば《かたつむり》《春がきた》などの共通教材でもよいし，《白くまのジェンカ》《ドレミのうた》などでもよい。また鑑賞曲としての《おもちゃの兵隊》やベートーヴェンの《トルコ行進曲》《ラデツキー行進曲》などもよいだろう。

曲をよく聴きながら自分で考えることが重要であり，どのようなパターンを児童が主張してもかまわない。自分で考えられたこと自体を褒める。クラス構成員の意見が大体一致し，曲に合わせて心地よいものであれば，それは素晴らしいことである。

■拍と音高を組み合わせてつくる活動例

旋律は，リズムと音高の組み合わせからなる。この活動は旋律づくりに当たるが，より基礎的な「拍の流れにのること」を踏まえて行うのがよい。

【ドレミでつくる／ミソラでつくる（低学年）】

《ドレミのうた》は，児童が学齢以前にも耳にしていることが多い上，ドレミファソラシの7音音階を学ぶのに絶好の教材である。低学年の教科書に掲載され，音名と音高を動作化して学習する扱いが主流になっている。

1）児童が，ドレミファソラシドを歌いながら動作化できるようになったら，ドレミの3音を「たん」に当てはめ，たん・うんリズムにハメて歌う。最初はむずかしいので，たん・うんリズムはひな形を示し，

たん	たん	たん	うん	たん	うん	たん	たん
			うん		うん		

「たん」のところにドレミのどれかを当てはめるよう指示するとよい。当てはめたとおりに，拍にのって動作をしながら歌えるようにする。

できるようになったら，今度は拍の流れにのって，即興的に動作をしながらドレミを歌う。三つの音と「うん」から選んで組み合わせるだけだが，1年生ならば多くを求めず，リズムパターンのほうは固定して，音高だけ選ぶ活動にするなど，易しくしよう。

同じく動作化しながら歌うのだが，使う音を変えてミソラの3音を使って行うと，日本のふしらしいものが生まれる。《ひらいたひらいた》などの歌唱と関連づけてつくれば，様式的な特

徴を暗黙のうちに感じ取ることのできる活動になる。

2)「ドレミでつくる／ミソラでつくる」の活動から発展して，ふしのつなげ方について考えてみる。上記8拍でつくった旋律について，「続く感じ」「終わる感じ」の判断をする。1年生では，こちらの意図が理解できないことや，まだこのような音楽の性質が分からないことも多い。したがって，うまくいかなくても焦る必要はない。

ペアやグループで，つくった旋律をつないで16拍にする活動を行う。その際，曲らしくするためには「どのようなつなげ方がよいか」「どのような終わり方がよいか」を考える。ドレミでつくる場合，終わりにドをもってくると落ち着き，ミソラでつくる場合はラで終わると落ち着く。それぞれ，ドレミを家族とするとドが，ミソラを家族とするとラが，その中の中心となり全体をまとめる力をもつ（主音や核音の役割を担う）からである。児童からは様々なパターンが出ることが予想されるが，自分たちで考えられたこと自体を褒める。児童から，「続く感じ」と「終わる感じ」を認識した意見が出てくれば，旋律の性質を暗黙のうちに理解していることになり，大変素晴らしい。

【リコーダーのソラシでつくる／平調子に調弦した箏の七八九でつくる（中学年）】

1) 低学年がドレミやミソラで行った活動が，3年生であればリコーダーのソラシの3音でできる。4年生であれば，同様のことが平調子に調弦した箏の七八九弦（ラシドの音程関係）でもできる。リコーダーや箏で音を出すことに慣れる活動にもなるので，一石二鳥である。

ただしあくまで，拍にのって即興的に音を出すことがねらいであることを忘れないで指導する。リコーダーの活動例の場合，一般的には3年生くらいになれば多様なリズムが身についてくる。ソラシの運指に習熟すれば，リズムも「たん・うん」を卒業し，四分音符，八分音符，二分音符，それと等価の休符を組み合わせた即興もできる。しかし個々のリズムパターンよりも，クラスでつないでいくときに，拍の流れにのれているかどうかが大切と考えるべきである。そのためにも，バックに打楽器音を流すとよい。

2) 中学年になったら，低学年では全員が分からなくてもよしとした，「続く感じ」「終わる感じ」の聴き取りと理解を進め，自分で使えるようにしたい。グループで旋律のつなぎ方を工夫し，まとまった曲として発表し合うようにしたい。その際に，これまでの学習で学んできた〔共通事項〕を手がかりにするよう指導する。この活動の場合は単純で易しい4拍分，あるいは8拍分の音の動きをつなぎ，曲らしくまとまりよくするための秘訣としては，「反復」の原理が最も有効だろう。A－B－A形式や，A－A－B－A形式など，既習の歌唱曲や器楽曲と関連づけて，工夫を促すようにしたい。できあがれば立派な作品であるので，認め合い演奏し合って楽しむようにしよう。

■音色をよく聴いてつくる活動例

音色は，音楽に接するとき，私たちが最も直接的に感得する要素である。日本の伝統的な音楽や世界の民族音楽など耳慣れない音楽についても，音色への感受性が興味関心のきっかけになることが多い。音色は瞬間のものではなく時間の経過とともにある。音が立ち上がり減衰する微妙な経過を聴き分けながらつくる活動は，音色への感受性を非常に鋭くする。

【森の音楽／深海の音楽／宇宙の音楽 などをつくる（焦点化する指導内容により，中学年から高学年）】

児童が音の出るものを探索し，出し方に工夫を重ねながら，グループ活動で順序や組み合わせを考えていく活動である。イメージ共有のために，森・海・宇宙などのテーマは必要で，他教科との関連も図れることが望ましい。この活動以前に，低学年の間に音の探索経験を積んでおくことも大切である。初めに，音源として手軽で効果的な素材の例を紹介しておく。

・タンブリン

通常の打ち方のほか，片手に持ってシャラランと振る／ひざの上などに伏せて置き，鍵盤

を弾くように指を膜面で細かく動かしてジングルを鳴らす／直径3cm程度のスーパーボールに安全ピンを指したものをつくり，安全ピンの部分を片手に持つ。もう片方の手にタンブリンを持つ。丸い枠に沿って膜面をスーパーボールでなでるように動かし，トレモロ風の音を鳴らす。など。

・新聞紙

端から4〜5cm幅で縦（短辺に平行の方向）に割く。割くスピードにより音が変わる。／片手にもち（広げていても，二つ折り，四つ折りでもよい），もう片方の手のひらで紙面をたたく。／二つ折りの短辺を左右の手で握り，両手の間隔を閉じたり広げたりして音を出す。／くしゃくしゃ丸める。など。

・コピー用紙，画用紙，工作用紙など

画用紙・工作用紙は2〜3分割して細長い短冊形に切っておく。上部の短辺をつまんで持ち，手首から先を振って音を出す。振る速さで音が変化する。など

・ボンゴ，コンガなど

手のひらで打つ／指先で打つ／手首のほうで打つ／真ん中を打つ／端を打つ／ピアノを弾くように指を動かしながら打つ／以上を組み合わせて打つ。など。

・スライドホイッスル

吹きながらホイッスルの長さを調節し，音高を変化させる。ハンドルを動かす速さも，欲しい音色の鍵になるので工夫する。など。

・リコーダーのヘッドピース（ソプラノ及びアルトリコーダーのヘッドピースのみを使う。）

タンギングを工夫し，トゥクトゥク（tktk）やドゥルドゥル（dldl）と言ってみたり，フラッタータンギングにも挑戦したりする。／左手でヘッドピースを持ち，息を吹き込みながら右手は下部を完全に閉じたり，半開にしたり，中に指を差し込んだりしながら，出る音を調節する。／以上を組み合わせる。

1）イメージを共有するためのテーマを決める

例えば「森の夕暮れ」といったテーマを決め，動物たちの考えや動き，昼から夜への過渡期の光の変化などについてイメージをふくらませ共有する。

次に，場面ごとにふさわしい音（音色）を模索し，多様な音源のストックから欲しい音を選ぶ。シンセサイザー（電子ピアノ等）も活用する。

2）探した音を曲に構成していく

曲を構成する手法には指導と工夫が必要である。国語の教科書で読む「詩」を参考に考えてみることを推奨する。詩では，話を時間軸に沿ってただ展開するのではなく，節を区切ったり，繰り返しを多用したりして，形式を整えている。曲づくりでも同様にすると，印象深い作品になることを理解しよう。簡単な見取り図を描くとよい。「よびかけと答え」や「繰り返し」，「繰り返しの中での少しの変化」，「締めくくり方」などを考えながら進める。

やってみよう！ 考えよう！

〈課題1〉

「循環するコード進行上に旋律をつくろう」

▶やってみよう！

①循環するコード進行を意識化する

パッヘルベルの《カノン》を聴き，この曲の大きな特徴である循環するコード進行を理解する。次に，今ではスタンダードナンバーとして知られている《少年時代》《負けないで》などを聴き，これらの曲がほぼ同じコード進行を用いていることを知る。

②多用されているコード進行を学ぶ。

次の二つのパターンの循環するコードを特に知ろう。

パターンA　コード進行：C−Am−Dm−G

パターンB　コード進行：C－G－Am－Em－
　　　　　　　　　　　F－C－Dm7－G7

③コードにのって旋律をつくる

　AあるいはBのコード進行にのって、上に即興的に合う音をのせてみよう。初めはむずかしく感じられるので、コードを構成している音のうち一つか二つだけを使ってみよう。1音を連打したり、2音を行ったり来たりしたりすればよい。段々慣れて、要領が分かってきたら、コードを構成している音を骨組みとして、他の音も入れてみる。少ない音数、単純なリズムで十分に曲らしくなるので、むしろ拍の流れにのることを重視するとよい。

▶考えよう！

　この活動を通して、どんな力がつくのだろうか。ねらいについて考えてみよう。
・コードを構成する音を意識する
・拍子にのって、即興的に音を連ねて旋律をつくる
・反復（コード進行、旋律）
・曲の構造―まとまり感を意識する

〈課題2〉
「韻を踏んでラップをつくろう」
▶やってみよう！
①ラップミュージックについて知る

　ラップミュージックを耳にする機会は多いと思われるが、普段はその仕組みについてあまり意識しない人が大半である。面白いラップをYouTubeなどで見つけ、聴いて（見て）みよう。
②「韻を踏む」ことについて知る

　ラップミュージックの特徴は、言葉を連ねて「唱えごと」のように演奏するが、言葉は「韻を踏む」という手法を生かしていることである。日本語の伝統的な短歌や俳句には韻を踏む習慣がないので、ここで意識してみよう。

例：　日光　月光　大旅行
　　　（にっこう・がっこう・だいりょこう）はkohという音で韻を踏んでいることになる。
　　　坊主が　屏風に　上手に　坊主の……
　　　（ぼうずが・びょうぶに・じょうずに・ぼうずの……）ではzuとbuのuの音が韻を踏んでいる。

　これらを唱えるときに、韻を踏んでいる下線部分を特に強調して声に出すと、独特のリズム感が出てラップミュージックらしくなる。
③色の名前を使って韻を踏んだ言葉を連ねる

　ここでは、色名を題にしてみよう。みどり、あお、あか、むらさき、オレンジ、ピンク、などからグループごとに一つを選び、メンバーで協力しながら韻を踏んだ言葉を探し、連ねてみよう。ワークシートに記入していく。
④バックリズムにのってラップを歌う

　二つか三つの音色の異なる打楽器を組み合わせ、バックリズムを打つと面白い。そのリズムにノリながら、各グループがつくったラップのフレーズをリレー式につないでいく。初めはグ

ループとグループの間に，4拍あるいは8拍などのバックリズムだけのところがあってもよい。バックリズムは音楽の流れを止めないために重要で，グループの作業中も流しておくと，作業の効率があがるに違いない。

前ページのワークシートを参考にしてほしい。
▶考えよう！
ラップがうまくいくと楽しいのはなぜだろう。時々バックリズムにも変化を加えたり，身体も動かしたくなったりしないだろうか。この活動ではどのような力がつくのか意識化してみよう。
・拍の流れを維持する
・いろいろな声の使い方
・明瞭な発音
・韻を踏む工夫
＊「韻を踏む」フレーズづくりは，経験がないと難しく感じられるかもしれないが，大学生なら協力してできるだろう。『逆引き広辞苑』は，韻を踏む言葉探しに大変有用である。

〈課題3〉
「いろいろな音階でつくろう」
▶やってみよう！
①いろいろな音階を復習する
この活動は，小学校教科書にも掲載されている。教員を目指す人ならば，ただその音を使えばよいのではなく，音の動き方を考えることと，主音や核音という役割を意識しよう。これがその音階らしさと音楽としてのまとまり感を生み出すのには不可欠である。
《さくらさくら》は<u>ミ</u>ファラシド<u>ミ</u>（いわゆる都節音階），《ソーラン節》は<u>ミ</u>ソラシレ<u>ミ</u>（いわゆる民謡音階），《沖永良部の子守歌》は<u>ド</u>ミファソシ<u>ド</u>（いわゆる琉球音階）でできていて，一言で日本の音楽と言っても多様である。《いるか》は<u>レ</u>ミファソラシド<u>レ</u>（ドリア音階）でつくられている。下線の音が主音あるいは核音である。
②旋律づくりに使う音階を選ぶ
音階を選ぶ。選んだら，五線の1段を使い，その音階を全音符で書いてみよう。音部記号を

決して忘れないようにしよう。
③旋律をつくる
キーボード（のある楽器，機器）を用いて音を出しながら，選んだ音階の音で旋律をつくる。4分の4拍子が最もつくりやすいので，五線を以下のように準備して，つくりながら書きこむとよいだろう。

五線の段数を増やし，8，12，16小節などにしても，もちろんよい。
▶考えよう！
・どの音で終止するのがよいだろうか。主音や核音の役割を確認し，児童に指導することができるようにしよう。
・その音階の特徴が感じられるために，音の動き方をどう工夫すればよいだろうか。跳躍して遠くの音へ行く場合と，できるだけ隣り合った音へ行く場合とを比べてみよう。

（阪井　恵）

4. 鑑賞指導のポイント

(1) 鑑賞指導の意義

① 音・音楽を「聴く」ということ

「きく」という漢字には，2種類ある。「聞く」と「聴く」である。一般に，「聞く」とは，音をただ何とはなしにきくという状態，「聴く」とは，集中して音に意識を傾けてきく状態を指す。学校の音楽の授業において音・音楽をきくというのは，「聴く」ということである。

カナダの作曲家，マリー・シェーファーは，私たちがいろいろなものをそれぞれ違った方法で聞いているということ，また「集中的聴取」と呼ぶものと「周辺的聴取」と呼ぶものとでは，それぞれ聴き方が異なることを指摘している。

ものを見ようとして目を見開くと，ものが見える。それに対し，耳はいつも開いているので，一見，受け身であるかのように思うが，聴覚も視覚と同様，聴こうと思ったものを聴き取る力がある。

様々な音が溢れる騒がしい場でも，私たちはある音を選択的に特定して聴き取っている。こうした現象は，騒がしいパーティーの場面でも会話が成り立つことになぞらえて，「カクテルパーティー効果」と呼ばれる。音を集中的・選択的に聴く「集中的聴取」「選択的聴取」ということが，音楽鑑賞の基礎となっているのである。

② 音楽授業における鑑賞指導

音楽授業における鑑賞指導とは，ふだんは聞くともなしに聞いている音・音楽を集中して聴く場を設定し，子どもたちが音に何らかの自分なりのイメージを感じ取り，また一方で，これまでにその音楽が生成され，伝承されてきた文化的文脈における音楽的意味を理解して聴くことができるようにしていくことである。

集中的に耳をすまして音を聴き，そこに自分なりのイメージを感じ取ること，そして音楽的な意味を見いだしていくことは，子ども一人ひとりの心を豊かに耕すことになると考える。

音に意味を見いだし聴き取るという作業は，それまでのその子どもなりの生きてきた経験と照らし合せて行われる営みであり，自分を振り返り自己認識を促す機会ともなる。それはひいては，他者理解へともつながっていく。まわりの人たちが自分とは違う感じ取り方をしていることに気づいたり，あるいは共通する感性に気づいたりすることで，友達への理解と共感にもつながっていく。

音楽鑑賞とは，「音楽を聴いてそのよさや美しさを味わう」ことである。「よさ」とは，その音楽の「本質」ということである。音楽の中に身をおき，自分の経験と照らし合わせ様々に考えたり，豊かに想像をめぐらせたり，身体全体を使った心地よい体験を楽しんだりする中で，子ども自身が音楽のよさや美しさを十分に味わっていけるように，学習を組織していく必要がある。

(2) 鑑賞指導のポイント

① 音楽を感じ取り，気づきを共有する

音楽を聴くというときに，大きく二つの側面がある。一つは，一人ひとりが自由にイメージを広げて音楽を感じ取るという，非常に個人的・主観的な側面であり，もう一つは，〔共通事項〕に示された音楽的要素や音楽のしくみを聴く視点としながら，曲の特徴やよさに気づいていくという側面である。

クラスで音楽の鑑賞をする場合，それぞれの子どもたちが，同時多発的に，様々な感じ取り方をする。そして，たくさんの気づきが生まれる。そのような状況を，教師が交通整理をしな

がら，授業のねらいに即しつつ，気づきを交流・共有させていく。それを通して，子どもが音楽のよさを理解しながら，だんだんと聴き深めていけるようにしていくことが大切である。

② 鑑賞指導のプロセス

1）授業のねらいを明確にする

　子どもに，その曲の何を聴き取らせるか，すなわち聴く視点を明確にすることで，おのずと授業のねらいが明確になる。教材研究をじっくりと行うことで，これを聴き取らせたい，この特徴に気づかせたい，というのが浮かび上がってくる。〔共通事項〕で示されている，音楽を特徴づけている要素や，音楽のしくみを切り口としてもよい。おもしろい映像教材があれば，それを吟味することで，具体的で焦点化された聴き取りの際のめあてが設定できる。

2）発問や指示の言葉を吟味する

　何を聴き取らせたいかが明確になれば，そこから発問や指示の言葉を吟味することができる。「どう感じたかな」といった漠然とした問いかけでなく，具体的でわかりやすい発問・指示を考える。例えば，「このふしは，何回出てきたかな」とか，「何人のトランペット奏者が演奏していると思いますか」とか，「この音がきこえたところで，手をあげましょう」などである。あるいは，「この場面はどんな場所かな。季節はいつかな。時間は朝かな，昼かな，夜かな」などである。

　このような具体的な発問や指示によって，子どもはより集中して聴き，いろいろと考えをめぐらすだろう。子どもが集中して聴くように促し，子どもの頭の中を活性化するような発問や指示の言葉を考えよう。

3）スモールステップで聴き深める

　子どもの集中力を勘案しながら，なるべく短い時間で何度も集中して聴かせるようにしたい。そのためには，同じ部分でも，聴くめあて・聴く視点を変えて聴いたり，身体を動かす活動を取り入れたりして，飽きさせない工夫が必要となる。

　また，CDで音に集中して聴かせるときと，映像を活用するときとがあるが，なぜそのようにするのか，指導の意図・ねらいを明確にしておく必要がある。

③ 身体反応や身体表現しながら聴く

　音楽をただ黙ってじっとして聴くのではなく，身体全体を使って音楽を感じ取り，感じ取ったものを表出させていくことが必要である。感じ取ったもの・聴き取ったものを表出させる方法としては，様々あるが，例えば，「ある動物の鳴き声がきこえたら手をあげてみよう」とか「トランペットの音がきこえたら手をあげてみよう」などといったやり方がある。何回も繰り返し出てくるふしを捉えさせたり，リズムを捉えさせたりする場合もある。

　例えば，○・｜○・｜○○｜○・（たんうん｜たんうん｜たんたん｜たんうん）のリズムは，《白くまのジェンカ》や《トルコ行進曲》などで特徴的なリズムである。何度も聴いてこのリズムを捉えさせ，手拍子を打たせたり，ひざ打ちをさせたりする。

④　協働の学び

　平成29年3月告示の新学習指導要領では，「主体的・対話的で深い学び」ということが提唱され，「対話的・協働的な学び」の意義が強調されている。鑑賞の授業においても，友達と交流したり対話したりして，音楽に対する自らの感じ取り方を深めていくような授業が構想される必要がある。

　すでに見たように，音楽の感じ取り方は，実に人それぞれ，個性的な部分があり，だからこそ，自由にイメージを広げられる音楽の鑑賞は楽しいものである。しかし，自由にイメージしながら聴くことが苦手な児童もいる。そういう子どもも，友達の発言からヒントを得て，友だちの想像したイメージで音楽を聴いてみるということをするうちに，音楽の聴き方を学んでいくことができる。

　また，自分で比較的自由にイメージを広げられる児童であっても，友達の想像した，自分のもったのとは違うイメージを知り，改めてそのイメージで音楽を聴いてみると，新しい聴き方

の発見があったりすることに気づくだろう。

江田司は，音楽の鑑賞指導における子どもどうしの交流や意見交換の重要性を述べている。となりの子と意見交換をすること，何も意見がなくても「ないよね」と言い合うだけでもよいという。このような学習をバズ学習という。バズ（buzz）とは，がやがや話すの意で，多人数の中でほとんど発言せず，受け身の学習に終始する子どもでも，バズ学習では，かなり自由に積極的に発言でき，学習活動に関与できる。また，学習者相互の人間関係を高めることもでき，ひいては学習者全体の学習効果を高めることが期待できる。

江田司が「豊かに感じ取れている子どもの影響が，学級に自然に満たされていくように」と述べるように，子どもどうしの交流や意見交換を積極的に取り入れ，子どもの音楽の学びを深めていきたいものである。

やってみよう！ 考えよう！

〈課題1〉
「耳をすます活動」
▶やってみよう！
①目をとじて，静かにすわり，身の回りの音に耳をすまそう。時間は，3分から5分ほど。聴こえてくる様々な音を注意深く聴き，何の音か，どんなふうに聴こえるか意識しよう。外の音も聴こえるように，教室の窓を開けてみるのもよい。
②聴こえてきた音を，メモしよう。音の特徴に注意する。遠くから聞こえる音，近くの音，ずっと続く音，途切れ途切れの音，強い音，弱い音，リズムのある音，繰り返しのある音，等々。また，自分の音，人の音，自然の音，人工の音など，聴こえてくる音にどんな特徴があるかメモしよう。
③聴こえてきた音を発表しよう。各自の気づきを伝えあい，みんなで共有しよう。

▶考えよう！
・この活動をやってみて，感じたこと，考えたことを話し合おう。音・音楽を聴くとはどういうことかについて考えよう。

〈課題2〉
「音楽を聴いてイメージをひろげよう」
▶やってみよう！
①サン＝サーンス作曲《動物の謝肉祭》より，1曲を選び，タイトルを知らせずに聴く。動物をテーマにした音楽であることは知らせて，何の動物か想像して聴く。動物が何をしているところか，時間帯はいつか（朝か昼か夜か），季節はいつかなど具体的に想像しながら聴く。
②自分の想像した動物について，となりの人と意見交換する。なぜそう思ったか，音楽のどんな部分がそのように聴こえたかについても，伝え合う。
③それぞれが想像した動物を発表する。なぜそう思ったか，理由についても伝える。
④最後に，サン＝サーンスの考えたタイトルを知って，もう一度，楽曲を鑑賞する。

▶考えよう！
・音楽を聴いたときの，それぞれの感じ方や想像の多様性に気づき，音楽を鑑賞するということの意味について考えてみよう。

〈課題3〉
「身体を動かす活動」
▶やってみよう！
①ブラームス作曲《ハンガリー舞曲》第5番，または，モンティ作曲《チャールダーシュ》など，速さが激しく変化する曲を選んで鑑賞する。小学生では，六〜八人のグループで，丸くなってすわり，音楽の速さの変化に合わせてボールをとなりに回していく。スペース上の制約があったり，ボールが準備できない場合も，ボール回しのイメージで，楽曲の速さに合わせてとなりの人の左手に自分の右手をのせるような動き等，動きを工夫して活動

を行う。

② まず，音楽なしで，拍に合わせてボールを回したり，動きを回したりする練習をする。途切れずに動きを続けられるようにする。

③ 次に，実際に曲を聴く。楽曲の速さの変化に注意しながら，速さに合った動きをつけながら鑑賞する。

④ 楽曲は，いくつかの場面に分かれている。聴きながら動くことに慣れてきたら，場面の区切りごとに，動きの向きを変えてみる。右にボールを回していたら，左にボールを回すなど。

▶考えよう！

・身体を動かさないで曲を聴いたときと，ボール回しなどをして身体を動かしながら聴いたときとでは，どのような違いがあっただろうか。身体を動かすことによって，子どもにとって，音楽の何がよりよくわかるようになったのだろうか。考えてみよう。

〈課題4〉
「自分の好きな音楽を見つけよう」
▶やってみよう！

① 音楽は，同じ曲でも演奏者によって表現が大きく変わったり，アレンジのしかたによって訴えてくるものが違ったりする。同じ曲でアレンジの違う曲，違う歌手によりカバーされている曲を集めて，比較鑑賞をしよう。ここでは，佐藤まり子の提案する《アメイジング・グレース》を取り上げる（38〜39ページ参照）。

② 5曲の《アメイジング・グレース》を聴き，自分が最も好きだと感じた曲を1曲選ぶ。なぜそう思ったか，理由も合わせて言えるとよい。

③ 四〜五人のグループをつくり，意見交換をする。自分が最も好きだと感じた曲とその理由を相手に伝え，他の人の選んだ理由を聞いて，最後にもう一度，鑑賞する。

▶考えよう！

・この活動を通して，自分の音楽にたいする好みや姿勢がよりはっきりとしただろうか。他の人の音楽の理解のしかたに共感するところはあっただろうか。

・他の人の考えを聞いて，自分の聴き方に変化があっただろうか。

〈課題5〉
「演奏会のライブ感を感じよう」
▶やってみよう！（1）

① 小澤征爾指揮『ウィーンフィル・ニューイヤーコンサート2002』のDVDから，ヨハン・シュトラウス作曲《ラデツキー行進曲》を鑑賞する。まず，映像なしで，音だけで鑑賞し，気づいたことを発表し合う。

② 途中で手拍子を打っているところがあること，手拍子にも強弱の変化があることに気づいたところで，今度は映像を見ながら鑑賞する。会場にいる観客になったつもりで，小澤征爾氏の指揮に合わせて，手拍子を入れてみる。

▶やってみよう！（2）

① エルガー作曲《威風堂々》を鑑賞する。イギリスのロンドンで毎年開催される「BBCプロムス」最終日の映像が，YouTubeで公開されている。それを視聴して，気づいたことを発表し合う。

② 演奏会場にいる人たちは，ひざを曲げて拍をとったり，腕を大きく横に動かしたりと，曲の場面ごとに違う動きをしている。それをまねして，自分たちでも動きながら聴いてみよう。

③ グループで話し合い，自分たちオリジナルの動きを考えよう。

▶考えよう！

・オーケストラと会場が一体となった，このような映像を見ると，音楽のもつ力や，音楽と私たちとの関わりについて考えるきっかけとなる。

・こうした映像のよさを生かした鑑賞授業を構想しよう。

4. 鑑賞指導のポイント　85

〈課題6〉

「小・中学校の音楽鑑賞をふりかえる」

▶やってみよう！

①小・中学校の音楽授業をふりかえり，印象に残っている鑑賞曲について思い出そう。どんな曲を聴いたか。どんな活動をしたか。なぜそれが印象に残っているのか。ふだん，家庭で個人的に聴いている音楽の聴き方とどう違ったか。どんなジャンルの曲を聴いたか。いろいろな視点から考えてみよう。

②三〜四人のグループになって，意見交換しよう。同じ曲，あるいは同じような傾向の曲が印象に残っているだろうか。指導方法についてはどうだろう。同じような指導方法だろうか。独特な，オリジナルな指導方法だっただろうか。

▶考えよう！

・小学校の鑑賞指導を想定し，ある一つの曲を選び，指導学年，指導のねらいと，指導の方法について具体的に考えてみよう。

（本多佐保美）

〈参考文献〉

江田司「鑑賞指導のポイント」『初等科音楽科教育法』音楽之友社，2008年．

阪井恵・酒井美恵子『音楽授業でアクティブ・ラーニング！子ども熱中の鑑賞タイム』明治図書，2017年．

マリー・シェーファー『サウンド・エデュケーション』春秋社，2009年．

5. 日本の音楽・世界の音楽の指導のポイント

(1) 日本音楽の指導の意義と指導のポイント

① 日本音楽の指導の意義

　明治以降，我が国は近代化を目指し，西洋発祥の思想や制度・文化などを積極的に取り入れ，国を創ってきた。教育制度や音楽文化も例外ではなく，やはり積極的に西洋の制度・文化を受容してきた。今日では，私たちを取り巻く音楽文化は，ほとんどが西洋音楽の発想を基盤とする音楽となっている。一方で，極東の島国である我が国の地理的位置，気候・風土，そして私たちがふだん話している日本語，これらの要素に起因して生まれる文化というものが，間違いなく存在している。

　学校教育の中では，伝統や文化に関する教育の充実は，2006（平成18）年の教育基本法の改正以降，ずっと教育の今日的課題として提唱され続けている。国際社会に生きる日本人として，我が国の音楽文化に愛着をもつとともに，他国の音楽文化を尊重することのできる児童・生徒の育成が求められている。公式に求められる教育的課題と，現在の日本における音楽文化の置かれた実際的状況，これらの両側面をふまえながら，日本の音楽を実際どのように学校教育で指導していくのかを考えていく必要がある。

　日本の伝統音楽は一見すると，私たちの身近にはないかもしれない。まず，教える側の教師が，教材研究を進める中で，日本の音楽に対する新たな発見をたくさんする必要があるだろう。聴いてみるととても懐かしい感じがしたり，すぐに耳なじんで記憶に残りやすいと感じたりするかもしれない。たくさんの発見をして，みずからの音楽的感性を広げよう。

　子どもたちには，どんな音楽にも素直に対峙できる小学校の早い時期から，様々な音楽にふれさせたい。知識としてではなく，子どもたちの体験として学習を組織し，子どもたちの感性を豊かに育てていくことが必要である。また，自国の音楽文化のよさを理解し，味わうことから，ひいては，他国の音楽文化の理解にもつながり，多様な価値観を認めあう姿勢を育むことにもつながると考える。

② 日本音楽の指導のポイント

1）身近にある日本らしい音に気づく

　まずは，子どもの持っている音のイメージと知識（既有知識）から始めたい。日本らしい音とは何か。日本らしい音を考えさせるといろいろな意見が出てくるだろう。火の用心の拍子木の音，祭りのときの太鼓の音，日本庭園のししおどし，お寺の鐘の音，等々。さらにそれらの音の特徴を，例えば木や竹から生まれる音が多いとか，お寺の鐘の音は余韻が長い，など明確に言葉にして捉えさせる。日本らしい音は，この国の気候・風土に合った素材からつくられていたり，自然と共存するようなあり方であったり，四季折々の場面と切っても切り離せないものであったりする。そうした特徴に気づくことが日本音楽の指導の出発点となる。

2）言葉から音楽へ

ア）物売りの声など

言葉に自然な抑揚がつき，リズムやフレーズが繰り返されると，そこに歌が生まれる。言葉が音楽になる，その最もミニマムな形を，物売りの声などに見ることができる。

　「たけや，さおだけ」「いしやーきいもー」など，物売りの声を大きな声で歌ってみよう。なるべく遠くの人に届くように，呼び掛けるように歌う。声は長く，朗々と響くだろう。はじめは，音程も気にしなくてよいが，だんだんと音程・音の高さも意識して歌ってみよう。

　譜例は，相撲の呼び出しの一節である。

にーしーきよくーーにーー

音源があれば，まずよく聴いてみよう。次にまねして，声を出してみよう。このような短い一節に，音楽以前，楽曲以前の我が国の伝統的な音感覚の芽生えがみられるのである。

イ）わらべうた

わらべうたには，様々な種類がある。数をかぞえたり，願いごとをとなえたりするとなえ歌。絵かき歌，まりつき歌，お手合わせ，なわとび歌などは，動きや遊びと結びついている。「あーぶくたった，煮えたった。煮えたかどうだか食べてみよ」というのは，鬼決め歌の一種だ。

音楽的側面から見ると，そのリズムや音程に日本の伝統音楽のエッセンスを内包しているわらべうただが，歌の機能面から見ると，子どもどうしのコミュニケーションや交流を促すものだと言える。気持ちをあわせて歌ったり，お手合わせで手をふれあい視線をかわしあい一緒に遊ぶ，そういう場で歌われる歌である。

わらべうたは，子どもが一番自然で歌いやすい声で歌うのがよい。また，各地域ごとに様々なわらべうたが伝承されているので，その地域ならではのわらべうたをたくさん歌わせたい。

ウ）口唱歌を活用する

口唱歌は，単に唱歌ともいい，和楽器の伝承において用いられてきた学習方法である。和楽器の音色を擬音で捉えたもので，これを歌うことによって楽器の旋律やフレーズを捉えることができる。例えば，雅楽の竜笛の唱歌なら，「トーラーロ　オルロ　ターロラ…」となり，能管（能楽で用いられる笛）の唱歌なら，「オヒャーヒューイ　ヒヒョーイウリー…」となる。それぞれの楽器の音色の特徴が，的確に表現されている。

楽器は習得するのに時間がかかるが，音源を聴きながら唱歌のカナ文字で旋律線を捉えて歌ってみることはすぐに出来る。音楽を鑑賞する前に，唱歌を歌う体験的な活動をすることで，楽器独特の音色やリズムをより深く感じとれる。

その音楽のしくみもよりよくわかるようになり，聴き方が深まる。

唱歌は，和楽器の伝承という文化的・伝統的文脈の中で用いられてきたものなので，音楽の文化的・社会的背景への興味にもつなげることができる。日本の音楽の学習に，唱歌をぜひ活用したい。

3）日本音楽の身体性に着目する

斎藤孝は，日本の伝統文化において，「腰を据える」「肚を決める」といった身体感覚が我が国の身体文化の中心軸であるとして，この伝統的な身体文化のことを「腰肚文化」と名づけた。例えば，箏や三味線を演奏するとき，椅子に座ってではなく正座によるほうが，腰が決まって，一音一音がしっかりとした音が生み出される。あるいは，和太鼓で力強い迫力のある音を鳴らすには，ばちを小手先でなく腕全体で使い，棒立ちでなく腰を入れ，ひざを柔らかく使った足腰の構えが必要となる。

日本音楽のあり方を，その身体性の視点からも理解することは，音楽文化のあり方のより本質的な理解につながると考える。

雅楽における舞楽，能楽における仕舞，歌舞伎における日本舞踊など，それぞれのジャンルには踊りや舞がある。日本の伝統芸能における踊りや舞の身体性に着目することも，日本の伝統文化のよさを味わい理解を深める上で重要な視点となる。例えば，各地に伝わる郷土芸能や祭りの中での踊りは，総じて腰を落とした柔軟な下半身が要求されるものである。お囃子の音楽の体験にくわえて，踊りも体験して，身体全体で日本の伝統文化を味わい理解するような学習を構想したい。

4）体験活動・つくる活動を取り入れる

日本の音楽を子どもたちにとって身近なものとするためには，体験活動を充実させることが大切である。適切な音源や，伝統的な楽譜，唱歌などを活用し，子どもが日本音楽のエッセンスにじかにふれられるように，授業づくりを工夫したい。

長い歴史をもつ音楽文化は，その伝承の過程で，その土地に合うように，あるいはその時代に合うようにつくり変えられて受け継がれてきている。そうした音楽文化のもつ生命力を生かし，音楽の授業の中でも，子どもたち自身が「つくる活動」を取り入れることも重要である。「つくる活動」を取り入れることで，子どもたちがより主体的に日本の音楽の学習に関わることになり，日本の音楽が子どもたちにとってより身近なものとなると考える。

5）伝統文化を継承する人々・場所

　日本の音楽は，季節の行事と結びついて演奏されることも多い。例えば，お盆にまつわる行事，春や秋の祭り，正月の行事等々。その年の収穫を祝う秋祭りの神社の境内で，お祝いの舞楽が奉納されたり，地域のお祭りの山車（だし）でお囃子がにぎやかに演奏されたりする。自分たちが住んでいる地域に目を向け，どんな日本の伝統音楽が継承され演奏されているか調べてみよう。

　祭りの場にどんな人が参加しているか，演奏の担い手，聴衆はだれか，場に重要なものは何か，音・音楽の響き方はどうかなど，じっくり観察して，様々な意味を感じとることが音楽文化の理解にたいする一助となる。

　また，各地域で伝統文化を継承する人々と何らかのつながりが持てれば，ゲストティーチャーとして学校に来ていただいたり，教材化のヒントをいただくこともできる。

やってみよう！　考えよう！

〈課題1〉
「日本らしい音や音楽に気づこう」
▶やってみよう
①身のまわりにある日本らしい音や音楽の例を挙げてみよう。思いつく限りたくさん挙げて，発表し，共有しよう。
②参考CDなどを使って，実際の音をじっくりと聴いてみよう。音にはどんな特徴があるか考えてみる。
③自分の好きな音を選んで，紹介する。なぜ好きか，理由も述べられるとよい。
▶考えよう！
・この活動を授業に取り入れるとしたら，どんな授業が構想できるか，考えてみよう。

〈課題2〉
「わらべうたで遊ぼう」
▶やってみよう
①子どもの頃に遊んだわらべうたを思い出してみよう。どんなうたがあったか。どんな遊びをしたか。となりの人と紹介しあおう。
②「おちゃらか」など，わらべうたを一つ選んで，やってみよう。ペアになり，動きをつけて，歌ってみる。はじめは，ゆっくりから始めて，だんだん速くしてみよう。
▶考えよう！
・実際に活動をしてみて，どうだったか，どんな声でうたったか等，振り返り，わらべうたのよさについて，また，わらべうたの学習のねらいについて考えてみよう。

〈課題3〉
「物売りの声を聴いたり歌ったりしてみよう」
▶やってみよう
①知っている物売りの声を思い出そう。どんなふしで歌われているか，実際に声に出して確認してみよう。
②物売りの声を一つ選んで，大きな声で歌ってみよう。物売りの声なので，物がよく売れるように，お客に呼び掛けるようなつもりで，声を出そう。
▶考えよう！
・物売りの声の音楽的特徴について，考えてみよう。

〈課題4〉
「口唱歌でお囃子をつくろう」
▶やってみよう
①祭り囃子の「仁羽（にんば）」の締太鼓の口唱歌を覚えよう。8拍を何回も繰り返して唱える。最初

の「テケ」は弱起（アウフタクト）のように捉え，「テン」から1拍目と捉える。

	8	1	2	3	4	5	6	7
締	テケ	テン	ツク	テテ	スケ	テン	ツク	ツ

②おぼえた口唱歌を基本のリズムとして，その流れにのせて，大太鼓の口唱歌を重ねてみよう。大太鼓の口唱歌は，「ドン」「ドドン」「ドコドコ」など。8拍の中に即興的に大太鼓のリズムを入れてみよう。

（例）

	8	1	2	3	4	5	6	7
締	テケ	テン	ツク	テテ	スケ	テン	ツク	ツ
太			ドン		ドン		ドコ	ドン

③さらに鉦（当り鉦）の口唱歌を重ねてみよう。鉦の口唱歌は，「チャン」「チキ」「チン」などである。どこに鉦の音を入れたら，よりお囃子らしくなるだろうか。

（例）

	8	1	2	3	4	5	6	7
締	テケ	テン	ツク	テテ	スケ	テン	ツク	ツ
太			ドン		ドン		ドコ	ドン
鉦							チキ	チン

④三つのパートに分かれて，口唱歌の重なりを楽しもう。一斉に始めず，音をだんだん重ねていくとよい。終わり方も考えよう。

▶考えよう！
①実際の授業での，口唱歌の取り入れ方について考えてみよう。
・鑑賞の授業での取り入れ方。
・器楽の授業での取り入れ方，など。
②日本の音楽以外にも，口唱歌に似たものがある。諸外国の音楽で，どんな口唱歌があるか調べてみよう。

〈課題5〉
「日本の音階で旋律をつくろう」
▶やってみよう
①8拍の基本のリズムにのせて，リコーダーで日本の音階の旋律をつくる。基本のリズムは，「仁羽」の締太鼓のリズムでもよいし，《こきりこ節》の伴奏のリズムなどでもよい

（楽譜）。使う音は，「ミソラシレミ」である。

《仁羽》の締太鼓のリズム

《こきりこ節》の伴奏のリズム

②まず，4分音符，8拍の旋律をつくる。次に，リズムをだんだん複雑にしていってよい。付点のリズムを使ったり，リコーダーで打ち指をしたりして，日本らしい旋律，祭り囃子の音楽らしい旋律をつくろう。

③四人グループになり，つくった旋律をつなげよう。続く感じの旋律や，終わる感じの旋律があるのでそれを意識する。また，それぞれがつくった旋律の形（山なりか，谷型か，ギザギザかなど）に気をつけながら，どんな順番につなげたらよいか，実際にリコーダーで吹きながら考えてみよう。

④「さくらさくら」の音階「ミファラシドミ」や，沖縄の音階「ミファソシドミ」でも，旋律をつくってみよう。基本のリズムや，伴奏楽器の種類も，それぞれにふさわしいものが考えられるとよい。例えば，「さくらさくら」の音階では，箏の伴奏，沖縄の音階では，三線の伴奏など。キーボードで音色を変化させて用いてもよい。

▶考えよう！
・この活動を取り入れた授業をつくるとしたら，授業の目標やねらいはどうなるか。考えて書いてみよう。

（本多佐保美）

〈参考文献・参考CD〉
斎藤孝『身体感覚を取り戻す』NHKブックス，2000年
CD『The Sounds of Japan』ビクターエンタテインメント，1999年
CD『相撲甚句特選集』テイチクエンタテインメント，2005年

（2）世界の音楽の指導の意義と特徴

① なぜ世界の音楽を扱うのか

1）音楽文化への理解

平成28年12月の中央教育審議会答申において，さらなる充実が求められる課題の一つとして，「生活や社会における音や音楽の働き，音楽文化についての関心や理解を深めていくこと」と示された。世界の様々な国および地域の音楽を取り上げ，それぞれの音楽が育まれてきた状況や，人々の生活における意味合いなど，音楽の社会的・文化的脈絡について捉えることが重要である。

2）日本の音楽の再認識

世界の様々な音楽を体験することにより，日本の伝統音楽や郷土の音楽との共通点やつながりに気づくなど，日本の音楽について再認識する機会を得る。また，日本の伝統的な音楽の体験や知識を活かして，世界の多様な音楽との比較を行うことも可能である。例えば，タイのケーン（笙の仲間），トルコのズルナ（篳篥の仲間），アラブ音楽のウード（楽琵琶の仲間），モンゴルのオルティン・ドー（追分様式の民謡のメリスマ的な歌いまわし）など，日本の音楽と関連づけながら，それぞれの特徴について捉えることができる。

3）異文化理解，多文化共生

異文化の音楽との出会いにより，自分と相手がどのように違うのか，またはどのような共通点があるのかなど，考えを巡らせることができる。文化的背景を異にする他者の心情や価値観などについて具体的にイメージし，共感することは，相手への心理的距離を縮めることにつながる。また自分とは違う表現の仕方や考え方などに気づくことは，文化的多様性の認識に役立つ。また近年，日本の学校において外国にルーツをもつ子どもたちの存在が大きくなってきている。ルーツの文化の音楽を取り上げることは，その子どもたちの自尊心を高めることにもつながる。

② 教材選択の視点や指導のポイント

1）生活文化や音楽の固有性があらわれた教材

祭りや季節の行事に関わる音楽など，人々の生活に根づいた音楽においては，好みや習慣，心情のあらわれなどを見いだすことができる。子どもたちが自分との共通点や違いを感じ取りやすく，文化的背景を異にする他者についてイメージしやすい教材を取り上げるとよい。また楽器やリズムなど，音楽文化における固有性や面白さに気づくことができる教材を提示したい。

2）読み取らせたい特徴を明確にする

現地の人々の衣装や生活文化があらわれた視聴覚教材を提示するとよい。この際，子どもたちに漠然と異文化の様子を視聴させるのではなく，その映像から何を読み取ることができるのか，情報を提示する際のねらいを明確にしておくことが必要である。生活文化の様子，楽器などの特徴，日本の音楽との違いや共通点など，何に着目させたいのかをあらかじめ見極めておくことが大切である。

3）体験活動を取り入れる

世界の音楽を扱う際には鑑賞活動が中心となりがちだが，子どもたちの体験活動を積極的に取り入れたい。例えば，伝承歌の一部を原語で歌ってみる，特徴的なリズムを叩いてみる，伝統的なダンスのステップを表現する，民族楽器を演奏してみるなど，実際に体験することによって，鑑賞時に特徴を捉えやすくなる。

4）地域に住む外国人との交流

様々な国から来日している方々との異文化交流の機会を設けたい。それぞれの国・地域における歌や楽器，舞踊などについて直接教えてもらう体験は，子どもたちに強い印象を与えるであろう。音楽鑑賞やお話を聞くような場面だけでなく，子どもたちが一緒に歌ったり踊ったりできるような体験的な場面を多く設定できるとよい。このために，どのような音楽を教えていただくか，事前の打ち合わせが大切である。必要に応じて，メロディーやリズムを採譜しておき，日本語で歌ったり代替楽器で演奏したりできるように準備しておくと，楽しく充実した交

流会を行うことができる。

やってみよう！ 考えよう！

〈課題1〉

「フラメンコのリズム表現」

　フラメンコは，15世紀頃からにスペインに移住し定住するようになったロマ族によって生み出された。歌・ギター・舞踊を中心として，手拍子や足拍子，指鳴らし，掛け声などで即興的な囃しを入れる。フラメンコには様々な種類があるが，リズム・パターンを体験しておくと，鑑賞時に特徴を捉えやすくなる。また，手拍子による表現の多様性に気づくとともに，人々の音楽の楽しみ方について知ることができる。

▶やってみよう！

①「ブレリア」のリズム・パターン（12拍）

　拍をカウントしながら，手拍子と足拍子を同時に打ち，徐々に速度を速めてみよう。

②「タンゴ」のリズム・パターン（8拍）

　下記のリズム・パターンを練習し，友達とリズムを重ねてみよう。

〈基本のリズム〉

〈リズムのアレンジ〉

〈裏打ちのリズム〉

（この場合は足拍子なしでもよい）

③リズム・パターンを作ってみよう

　フラメンコの手拍子は，基本的なカウントに合わせて，即興的に表現されるものである。ブレリアやタンゴの拍をカウントしながら，手拍子を強く叩く場所やリズムを変化させてみよう。この際，乾いた音，こもった音などを組み合わせて，手拍子による多彩な表現を生み出してみよう。

乾いた音（セコ）　こもった音（ソルダ）

▶考えよう！

・フラメンコのどのような特徴を感じ取ることができたか，話し合ってみよう。

・手拍子・足拍子で音楽に参加している人々の心情について想像し，音楽の楽しみ方について考えてみよう。

〈参考映像〉

DVD『フラメンコ・フラメンコ』日本コロムビア，2012年，LD『新　音と映像による世界民族音楽体系　11』日本ビクター，1994年

〈課題2〉

「タブラの口唱歌による表現」

　インドの太鼓タブラ・バーヤは，口唱歌を唱えながら奏法を習得していくが，実際に奏法を習得するのは非常に難しい楽器であると言われている。このため，授業では鑑賞活動が主となるが，口唱歌を体験してから演奏を聴くと，音楽にのって聴くことができたり，演奏者の超絶技巧をより味わったりすることができる。

▶やってみよう！

①北インドのリズムの取り方「ティン・タール」の口唱歌

　口唱歌を唱えながら，手拍子をしてみよう。この際，手拍子のところは強いアクセントを感じ，「空白」のところは手拍子をしない。16拍のパターンを繰り返し，最後は1拍目で終わるようにする。友達とともに，速度を速めたりしながら合わせてみるとよい。

👏				👏			
1	2	3	4	5	6	7	8
ダー	ディン	ディン	ダー	ダー	ディン	ディン	ダー

空拍				👏			
9	10	11	12	13	14	15	16
ター	ティン	ティン	ター	ダー	ディン	ディン	ダー

②タブラの口唱歌のパターン
・口唱歌のパターンを言ってみる
・いくつかを組み合わせて早口言葉で言う
・速さを変化させ、友達と言い合ってみる

　　ダゲテテ　　　ナカテテ　　　キタタカテレキテダー
　　　ギナテテ　　ナゲテテ　　　ダゲテテナゲテテ
　　テレカテダー　クランダー

▶考えよう！
・口唱歌の体験により、タブラ音楽の聴き方が変化したかどうか、話し合ってみよう。
・超絶技巧のタブラの演奏技能の習得において、口唱歌がどのように役立っているか、考えてみよう。

〈参考映像〉
DVD『やさしいタブラ入門』（ビデオメーカー，2005年），You Tube 動画：https://www.youtube.com/watch?v=vlzeXCRh9QQ

〈課題3〉
「メヘテルハーネのリズムや楽器の特徴」
　オスマントルコの軍楽隊であるメヘテルハーネは、現代の吹奏楽の元祖といわれている。このトルコの軍楽に影響され、ヨーロッパの作曲家達がトルコ風の音楽を生み出した（ベートーベン作曲《トルコ行進曲》など）。メヘテルハーネの音楽におけるリズム・パターンや、楽器の特徴について読みっとてみよう。

▶やってみよう！
①リズム・パターンの体験
　メヘテルハーネの良く知られた楽曲《ジェッディン・デデン》において、打楽器が演奏している以下の2種類のリズム・パターンを練習する。グループで役割分担をして、手拍子や足拍子、または打楽器で合わせてみよう。

②行進のステップ体験
　《ジェッディン・デデン》を聴きながら、3拍進んで1拍止まる行進のステップを真似してみよう。

※4拍目は身体全体で横に向く

③楽器などの特徴について読み取る
　ステップの様子やリズムを感じ取りながら映像を視聴するとともに、それぞれの楽器の形や音の特徴について読み取ってみよう。
・ズルナ：円錐形の木管にダブルリードをとりつけた笛（オーボエの原型）で、音量が大きくよく響く音色を持つ。日本のチャルメラの仲間
・ダヴル：円筒形の胴の両面に皮膜を張った大太鼓
・ボル（ラッパの類）
・ナッカーレとキョス（ティンパニの原型）・ズィル（シンバルの原型）
・チェヴガン（錫杖(しゃくじょう)の一種）　など

▶考えよう！
・メヘテルハーネの音楽や楽器の特徴について、読み取ったことを話し合ってみよう。
・行進と音楽の組み合わせによる面白さやよさについて、考えてみよう。

〈参考映像〉
DVD『文部科学省学習指導要領準拠　平成27年度改訂版 小学生の音楽鑑賞・表現DVD　6年①』JVCケンウッド・ビクターエンタテインメント，2015年

〈課題4〉

「ケチャの声の表現」

　インドネシア・バリ島の男声合唱ケチャは，数種類のリズム・パターンの組み合わせによる，インターロッキング（かみ合わせ）の音楽である。音の重なりによって生み出される音楽の面白さを体験的に知ることができる。

▶やってみよう！

　グループで①〜③のパートに分かれ，手拍子や机を叩くことによって，4拍をカウントしながら合わせてみよう。この際，速さや強弱の変化を工夫するとよい。

	1				2				3				4			
①	チャ		チャ		チャ		チャ		チャ		チャ		チャ		チャ	
②	チャ			チャ			チャ			チャ			チャ			チャ
③		チャ			チャ			チャ			チャ			チャ		チャ

▶考えよう！

・体験活動の中で，どのような工夫をするとよりよい表現になるか，話し合ってみよう。（速度，強弱，動き，始まり方や終わり方，など）

〈参考映像〉

DVD『文部科学省学習指導要領準拠　平成27年度改訂版　小学生の音楽鑑賞・表現DVD　5年②』JVCケンウッド・ビクターエンタテインメント，2015年

〈課題5〉

「馬頭琴の表現を読み取ろう」

　物語『スーホの白い馬』には，馬頭琴の由来が描かれている。国語教科書に掲載（光村図書，2年生）されているため，合科的な授業として，音楽科で鑑賞活動を中心に行うことも可能である。モンゴルの草原で暮らす遊牧民の暮らしの中で，楽器や音楽が育まれてきた背景について知るとともに，音楽的な特徴について読み取ることができる。

▶やってみよう！

①生活や風土について知る

　絵本『スーホの白い馬』（福音館書店）の挿絵を見たり，モンゴルの遊牧民の文化について調べたりしながら，人々の生活の様子について知る。

②馬頭琴の演奏を視聴する

　馬頭琴の演奏の映像を視聴し，馬の駆ける疾走感，馬の鳴き声やひづめの音，草原の風の音などをイメージしながら聴く。また，楽器の形や弦の特徴，奏法について読み取る。

▶考えよう！

・馬頭琴の素材や演奏方法，音色の特徴などについて，読み取ったことを話し合ってみよう。
・草原で暮らす人々の生活の様子や，馬に対する人々の思いなどについて，イメージしてみよう。

〈参考映像〉

DVD『文部科学省学習指導要領準拠　平成28年度改訂版　中学生の音楽鑑賞　2・3年下（4）』(JVCケンウッド・ビクターエンタテインメント，2016年)

〈課題6〉

「アジアの箏類の特徴を読み取ろう」

　アジア各地に，日本の箏に似た楽器が存在している。音色や奏法の違い，生活習慣や音の好みなどがあらわれていることを読み取ってみよう。

▶やってみよう！

①日本の箏の特徴

　日本の箏の演奏映像を視聴し，楽器の形，弦の数，座り方，奏法などの特徴を読み取る。

②アジアの箏類の比較

　中国のグーチョン，モンゴルのヤトガ，朝鮮半島のカヤグム，ベトナムのダンチャインの演奏映像を視聴し，日本の箏との共通点や相違点について読み取る。

▶考えよう！

・同じアジア圏において，なぜ違いや独自性が生まれてきているのか，意見交換をしよう。
・アジアの箏類との比較を行った際に，日本の箏に関する知識をどのように活用することができたか，振り返ってみよう。

〈参考映像〉

DVD『アジアの音楽と文化　第3巻　手を駆使した音楽表現　〜楽器の妙技〜』ビクターエンタテインメント，1995年

（桐原　礼）

6. 身体表現を取り入れた音楽活動

① 身体表現を取り入れる意義

新学習指導要領音楽科の「内容の取扱いと指導上の配慮事項」(1)のイにおいて，「音楽との一体感を味わい，想像力を働かせて音楽と関わることができるよう，指導のねらいに即して体を動かす活動を取り入れること」と示された。音楽活動において身体の動きを取り入れることにより，以下のような音楽的な学びを実現することができると考えられる。

・音楽的な要素の知覚：速さ，リズム，拍子，フレーズ，曲の構造や変化など，身体を通して様々な要素を知覚し，音楽的な概念を獲得する
・音楽的な感受：曲想を捉えたり，情景を具体的にイメージしたりする
・他者と対話し協働することにより，表現を工夫したりアイディアを生み出したりする

② 活動のポイント

身体表現は，歌唱・器楽・音楽づくり・鑑賞のそれぞれの活動において取り入れることができる。例えば，歌唱活動においては，身振りを伴うことによって歌詞にあらわれた情景をイメージしたり，手拍子などでリズムやフレーズの特徴を感じ取ったりすることができる。器楽活動および音楽づくりの活動では，打楽器の代わりに身体から様々な音を生み出すボディー・サウンドを扱い，友達とともに合わせたり，簡単なリズムや動きを生み出したりすることができる。またボディー・サウンドを扱った楽曲として，《リズムのロンド》（カール・オルフ作曲），《Rock Trap》（ウイリアム・J・シンスタイン作曲）などがある。このような楽曲の読譜をしていく中で，音の長さの違いや様々なリズム・パターンを捉えたり，強弱や速度などの表現を工夫したりすることができる。鑑賞活動時には，行進や舞踊のステップなどを取り入れ，音楽に合わせて動いてみることによって，楽曲の構造，速度や強弱の変化などを感じ取ることができる。

③ 活動のねらいと評価

身体表現を取り入れることによって，どのような音楽的な学びにつなげていくことができるのか，活動のねらいを明確にしておくことが重要である。このことは，活動時の児童の評価にも関わっている。身体表現をつくり上げること自体を目的とするのではなく，例えば，リズムやフレーズなどを捉えることができているか，具体的なイメージを持つことができたかなど，児童が身体の動きを通して音楽について感じ取っている事柄に関して評価していくことが大切である。

やってみよう！ 考えよう！

〈課題1〉（歌唱活動との関連）
「情景を思い浮かべながら表現しよう」
▶やってみよう！
①《かくれんぼ》（歌唱共通教材）を交互唱する
　二つのグループに分かれて，「もういいかい」と「まーだだよ」の部分を，向かい合って歌う。
②身振りをつけて歌う（以下は活動例）
　かくれんぼするもの（その場でスキップ）
　よっといで（おいでの合図）
　じゃんけんぽんよ　あいこでしょ（じゃんけんをする）
　鬼の役：もういいかい（木に顔をあてて目隠ししているような身振りで，遠くまで届く声で）
　逃げる役：まーだだよ（1回目：口に手を当てて大きな声で，2回目：少し小さな声，少し離れたところからのイメージで）

逃げる役：もういいよ（しゃがんで隠れた真似をしながら，小さい声，遠くから呼びかけているイメージで）

▶考えよう！
・身振りを伴って歌うことによって，自分の歌声や気持ちがどのように変わったか，意見を出し合ってみよう。
・活動のねらいについて考えてみよう。（例えば，歌詞の情景に合った声の出し方や強弱の工夫，2拍子やスキップのリズムを感じて歌う，など）

〈課題2〉（歌唱・音楽づくりの活動との関連）
「輪唱曲の表現」
教材：《夜が明けた》フランス民謡／岡本敏明作詞（楽譜は168ページを参照）

▶やってみよう！
①歌とボディー・サウンド

まずは，メロディーと歌詞を覚えておく。その上で，ボディー・サウンドを伴って歌えるようにする。歌に動きをつけられたら，サイレント・シンギング（声を出さずに心の中で歌う）で動作だけで行ってみよう。

コ	ケコ	コッ	コ	よが	あけ	た	𝄽
ひざ	ひざ	👏	👏	ひざ	👏	肩	𝄽

おそらは　まっかな　あさやけだ（上記と同じに）

げん	き	よ	く				𝄽
右ひざを両手で交互に5回打つ							𝄽

とび	お	き	て				𝄽
左ひざを両手で交互に5回打つ							𝄽

あーさのあいさつ　いたしましょう（上記と同じに）

みな	さん	おは	よう	ござ	いま	す	𝄽
ひざ	ひざ	👏	👏	ひざ	👏	肩	𝄽

※「肩」の時は，腕をクロスさせてもよい

②輪唱してみよう

グループ内でスタートする順番を決めておく。皆で向かい合い，ボディー・サウンドを伴って，輪唱で歌ってみよう。このときにも，サイレント・シンギングでやってみるとよい。

③動きをアレンジ

ペアやグループで，お手合わせを入れたり，隣の人の膝や前の人の肩を軽くタッチしたりするなど，動きをアレンジしてみよう。

▶考えよう！

動きを伴って歌うことによる効果について，話し合ってみよう。（例えば，他者の声につられずに歌える，他者の声を聴くことができる，休符やリズム・パターンを捉える，など）

〈課題3〉（器楽活動との関連）
「ボディー・サウンドによる伴奏表現」
教材：《こぎつね》（ドイツ民謡）

▶やってみよう！

楽器伴奏の代わりに，手拍子・足拍子を入れて，歌いながら演奏してみよう。机の上で表現する場合は，左手は拳でドンと机を叩く，右手は机を軽く叩く。

〈課題4〉（音楽づくりの活動との関連）
「ボディー・サウンドの組み合わせを考えよう」
▶やってみよう！
①ボディー・サウンドの種類を体験

ひざ　　胸を軽く叩く　　肩　　指鳴らし

手の甲　　手をこする　　こもった音　　指で打つ

机の上①　　机の上②　　ひじ

・各2回ずつ叩いてみる
・順番を変えて2回ずつ叩いてみる

・グループで，リーダーが2回叩く→皆が真似する，というパターンを繰り返す（リーダーを交代し，リレー奏のようにつながるとよい）
②ボディー・サウンドのパターンを考える
　以下のリズムで，一人またはペアでいろいろなパターンを考えてみる。
・シンプルな構成を心がける
・強弱やアクセントをつける
・身体の動きを大きくすると分かりやすい
・ハイタッチや腕組みをして回るなど，身振りや動きを加えてもよい

　リレー奏で発表したり，発表者が先生役となって皆に教えたりして，全員でアイディアを共有する。

〈課題5〉（鑑賞活動との関連）
「2拍子を感じ取ろう」
教材：《ラデツキー行進曲》（ヨハン・シュトラウスⅠ世作曲）
▶やってみよう！
　準備：クラス全体で大きな二重の円になり，向かい合った人とペアになっておく
　　　　曲の構造に合わせて，動いてみよう。

イントロ：進行方向を向き，出発準備
A：手拍子をしながら行進し，強弱を表現
A'：反対向きに行進し，途中のフレーズがゆったりとした場面で，歩幅を倍にして歩く
B：ペアで向かい合って両手をつなぎ，ゆったりと腕を揺らす
B'：足踏みをしながら，ペアでお手合わせ
（手拍子×2回，手合わせ×2回　繰り返し）
▶考えよう！
　どのような2拍子の感じ方があったか，ペアやグループで話し合ってみよう。

〈課題6〉（鑑賞活動との関連）
「リズムや曲想の変化を捉えよう」
教材：《シンコペーテッド・クロック》（アンダソン作曲）
▶やってみよう！
①シンコペーションのリズムを捉える
　楽曲の前半の部分では，4拍子のリズムを感じながら，1・2・3・4の順に指で四角形を描く。途中，均等なリズムでない，シンコペーションのリズムが入る箇所を意識して指を動かすようにする。

②ベルの鳴る音の箇所を捉える
　楽曲の中間部分では，目覚まし時計のベル音を模した音が聴こえてくる。そのイメージを線で描き，その音が聴こえる度になぞってみる。
③ペアで向かい合って表現

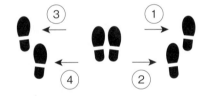

　手を腰に当てて，右・右，左・左とステップを踏んで揺れる。ペアで向かい合い，音楽に合わせてやってみよう。シンコペーションのリズムが出てくる箇所では，軽く飛び跳ねるようにステップを踏む。クラリネットの音など，特徴的な音色の楽器が出てきたら，ペアで相談して，楽器の演奏している様子を身振りで表してみるとよい。目覚まし時計のベルの音は，ペアで表現を考えてみよう。（例えば，向かい合って両手をつなぎ，両腕を回して円を描く，交代でくるりと回る，しゃがんだところから交代で立ち上がる，など）
▶考えよう！
　この楽曲のどのような特徴に気づくことができたか，どこの部分によさや面白さを感じたか，話し合ってみよう。

（桐原　礼）

7. 音楽科教育の今日的課題

(1) 学校段階間の接続や連携

① 幼小接続とスタートカリキュラム

「小1プロブレム」と呼ばれるような，小学校入学後の児童が，集団行動を取れなかったり授業中に座っていられなかったりする様子が続くような状況について，問題視されてきた。このため，幼児期の学びと育ちを小学校入学以降に滑らかに接続していくための，スタートカリキュラムの編成が求められている。新学習指導要領の音楽科の「第3 指導計画の作成と内容の取扱い」1（6）において，「幼児期の終わりまでに育ってほしい姿との関連を考慮すること」として，幼児期の教育との接続について示された。

このためには，幼児期に親しんだ活動と授業内容を関連づけることが重要であるため，遊び歌やわらべうたなど，遊びの要素を積極的に取り入れることが有効であるとされている。その中でどのような資質・能力が育まれてきているのかを見極めながら，音楽授業においてさらに伸長していくことが大切である。また，既に幼児期において，小中学校で習うような楽曲やポピュラーソングにも親しんできていることが多い。こうした既習曲を小学校入学後にも扱うことにより，児童が安心して楽しく音楽授業に参加することができる。この他に，季節の行事に関わる歌や，地域に伝わる音楽を授業に取り入れるなど，児童の生活と音楽を関連づけることも大切である。この際，取り扱う時期を生活科と合わせたり，合科的な授業を構成したりするとよい。

② 中学校への接続の円滑化

中学校に入学すると，勉強の負荷が増大するとともに部活動を始めるなど，小学校とは違った日々をスタートさせる生徒が多い。こうした新たな環境に対して不適応を起こす，「中1ギャップ」が問題視されてきている。

これらに対応して，中学校教員が小学生に対して授業を行う「乗り入れ指導」や，小学校6年生と中学校1年生による合同活動の実施は，小学生の中学校入学に対する不安軽減などに意義があるとされている。例えば，合唱発表会に向けて，6年生が中学校の音楽室を訪れ，中学校1年生と共に合唱指導を受けたり，共にパート練習を行ったりするような活動が考えられる。共に合唱を作り上げる中で，6年生が中学生の声質や音楽表現の違いに気づいたり，時には，中学生が6年生にアドヴァイスをしたりするなど，直接的に交流することもできる。こうした活動には，日程調整や移動などの困難な課題が伴うため，テレビ会議システムを用いるなど，ICTの活用も積極的に取り入れていきたい。

③ 異校種間や家庭等との連携

義務教育9年間を通してどのような資質・能力を育んでいくべきかを明確にした取り組みが求められている。子どもたちの学びのつながりや環境の整備をより効果的に実現していくために，異校種間の教員同士で共に研修会を開いたり，互いに授業時などの様子を参観しながら情報交換したりすることも効果的である。共に音楽会や季節の行事などを行う際には，子ども同士の交流や発表場面を通して，それぞれの様子について知ることもできる。

また，特色ある教育活動を推進していくことも重要視されている。同一中学校区内の学校などにおいて，その地域でどのような子どもたちを育てたいのか，地域から何を学ぶことができるのかなど，教育機関・保護者・地域で共に検討し，連携や交流を深めながら，取り組みの成果を共有していくことも求められている。

（2）特別な配慮を必要とする児童への対応

①インクルーシブ教育システムの構築とユニバーサルデザイン

障害のある子どもと障害のない子どもが，同じ場で共に学ぶことを目指す，インクルーシブ教育システムの構築が必要とされている。今日，通常の学級において，障害のある児童や教育上特別な配慮を必要とする児童が在籍している可能性があり，今後一層，個に応じた配慮を実施していくことが求められる。このような中，子どもたちが学級内などで互いの特徴を認め合い，特別な支援の必要性について理解を進めながら，支え合う関係を築いていくことが大切である。

ユニバーサルデザインとは，通常学級において，障害の有無にかかわらず，全ての子どもたちが良く理解できることを目指して，工夫や配慮を行う取り組みである。障害のある児童に向けた配慮や支援は，実は，授業時などにおいて，全ての児童に対しても有効なものである。

②音楽活動における配慮や支援

児童の障害の状態等に応じた指導について新学習指導要領の総則に示されるとともに，音楽科の「第3 指導計画の作成と内容の取扱い」1（7）が新設された。ここにおいて，障害のある児童に対する指導内容や指導方法を工夫する必要性について示されており，例えば，ユニバーサルデザインの視点を取り入れた，以下のような取り組みを行うことができる。

・視覚的な情報提示として，拡大楽譜に色付けしたり，リズムや旋律をカードで示したりするなど，掲示物を工夫する
・リズムや速度など音楽の諸要素について，身体の動きを通して感じ取ることができるような活動を取り入れる
・楽譜を読むことが苦手な児童のために，リコーダーや楽器などの個別の練習時間に，読譜を助けるためのヒントコーナーを設ける
・言葉の情報を聞き逃してしまいがちな児童にとって，学習過程の視覚的な提示により，安心して活動に参加できる時間となる。授業時のねらいや学習の流れ（グループ練習，発表会，まとめ，など）を黒板に掲示し，現在実施している場面に矢印のような印をつける
・グループ内で協力して課題に取り組むために，活動の手順が示されたプリントやチェックシートにて活動の流れを明確にする

障害の特徴と支援については，例えば，ADHD（注意欠陥多動性障害）や自閉症の児童は，言葉による説明だけでは理解することが難しい場合が多いため，メモや絵などを付加するなどの工夫が考えられる。発達性読み書き障害（ディスレクシア）の児童は，読み書きそのものが困難であるため，五線譜の読譜を行う際に，ドレミのカナをふったり歌ってあげたりするなどの支援が必要である。聴覚に障害をもつ児童は音そのものの聴取が困難であるが，スピーカーに手をあてて音の振動から音の高低を聴き分けたり，リズム打ちを楽しんだりすることができる。

また，他者とのコミュニケーションを取ることが困難な児童も多いため，他者と協働する喜びを感じながら，社会性を育むことも大切である。他の児童の動きを見ながら真似したり，共にリズムを合わせたりできるような活動として，例えば，ボディー・サウンドやヴォイス・アンサンブルなどを扱うとよい。

児童の障害については，担任の教員は気づいていても，専科など他の教員が知らないことも多いため，困難が生じる場面や支援の仕方について，教員間における情報の共有や連携が必要とされる。また今日，音楽療法の分野にて，障害のある児童に対する音楽を活用した取り組みが多くみられるようになってきているため，音楽療法の専門家との連携も効果的であると思われる。

〈参考文献〉
土野研治（2014）『障害児の音楽療法　声・身体・コミュニケーション』春秋社

(3) 他教科等との関連

① 生活科との関連

　自然や風土の様子が歌詞にあらわれた歌，昔ながらの遊び歌など，子どもたちの生活に密接な関わりをもつ音楽は，身の回りに多く存在している。このため生活科との合科的な授業を構成したり，活動の時期を合わせたりするとよい。例えば，落ち葉や木の実拾いなど生活科における野外での体験を生かして歌唱活動を行えば，より季節感を感じながら歌詞のイメージを広げることができ，音楽表現の深まりを期待できる。また，学校内の音風景を探して音マップを作成するなど，生活における音や音楽への気づきを高めるような活動を取り入れたい。

② 国語科との関連

　音楽科の目標（1）において「曲想と音楽の構造などとの関わりについて理解すること」が知識の習得に関する目標として示された。「音楽の構造など」には歌詞の内容も含まれており，音楽から喚起される自己のイメージや感情を捉えることと関連づけられる。

　歌詞にあらわれた情景や心情などを理解し歌唱表現を高めていくためには，読解力が必要とされるため，国語科との関わりが深い。歌唱活動以外でも，詩や俳句の情景をイメージしながら背景音楽をつくったり，国語科において扱われる物語に音楽がつけられた作品（《スイミー》ほか）を朗読とともに演奏したりするなど，国語科との合科的な授業を構成することも可能である。

③ 道徳科との関連

　音楽科の目標（3）に示されている「音楽を愛好する心情や音楽に対する感性」は，美しいものや崇高なものを尊重する心につながり，「豊かな情操」は道徳性の基盤を養うものであるとされている。音楽科共通教材においては，我が国の伝統や文化，自然の美しさなどがみられるため，これらの楽曲を扱う活動は，道徳的心情の育成に資するものでもある。例えば，《もみじ》や《ふるさと》の歌詞には，美しい自然や大切な人々を思う心情などが描かれている。また，日本の伝統的な音楽に親しむ活動は，道徳教育におけるねらいの一つでもある，我が国や郷土の伝統や文化を大切にすることにつながる。

　音楽科で扱う内容や教材の中で適切なものを道徳科に活用するためにも，音楽科年間指導計画の作成に際し，道徳教育の全体計画と関わらせて，指導の内容や時期を合わせるとよい。

④ 総合的な学習の時間

　総合的な学習の時間においては，実生活や実社会の中から問いを見いだし，探求的な学習において課題解決に取り組むことがねらいとされている。現代的な諸課題に対応した内容として，例えば，音楽を核とした国際交流（国際理解），日常生活におけるサウンド・スケープ（環境），高齢者福祉施設における季節の歌を通した交流（福祉）などが挙げられる。また，地域の人々の暮らしや伝統・文化に関わる学習は，音楽科と関連させることにより，より一層，地域の特色に応じた実践を実現することができる。例えば，地域に伝わる祭り囃子の調べ学習と演奏体験などが挙げられる。こうした活動においては，音楽科における学びと，学校内外における諸活動とのつながりについて，児童に意識させる機会ともなり得る。

⑤ その他

　音楽科は，他教科等と関連づけた多様な実践を生み出すことができる教科である。例えば，外国語活動との関わりとして英語の歌を扱う際のリズムやフレーズに着目したり，図画工作科との合科的な授業として音や音楽を図形や絵にあらわしたりするなどの活動が考えられる。社会科と連携して地域の祭りや伝承などを扱うことにより，地域性を生かした特色ある実践を行うことも可能である。

　また音楽科は，音楽会や文化祭，卒業式など儀式的な行事における音楽，学級における歌の活動など，特別活動との関連も深い。

(4) 主体的・対話的で深い学び

児童の資質・能力を育むための学びの質に着目する必要性から，新学習指導要領の音楽科の「第3 指導計画の作成と内容の取扱い」1 (1) にて，「児童の主体的・対話的で深い学びの実現を図るようにすること」と示された。

① 深い学びの鍵となる「見方・考え方」

学習において，児童が「音楽的な見方・考え方」を自在に働かせるような取り組みを工夫することにより，効果的に児童の資質・能力を育んでいくことができる。音楽的な刺激に対して反応したり心的変化がみられたりしているかどうか，音楽を形作っている要素を聴き取ったり，それらの働きが生み出すよさや面白さ，美しさを感じ取っているかどうか，音や音楽を自己のイメージや感情，生活や文化などと関連づけて考えることができているかどうかなど，活動における児童の様子を把握することが重要である。

② アクティブ・ラーニング

アクティブ・ラーニングとは，子どもたちが主体的に活動に取り組み，能動的に思考する，参加型の学習のことであり，児童の資質・能力の伸長に有効であるとされている。一般的な方法としては，児童同士での話し合いや共同作業，調べ学習などが挙げられる。この際，「何ができるようになったか」という視点から評価することが大切である。

③ 授業改善および授業デザイン

児童が学習内容を深く理解し，資質・能力を身につけ，生涯にわたって能動的（アクティブ）に学び続けることができるよう，授業改善を行っていく必要がある。学習したことを振り返って自身の学びの様子や変容を自覚したり，対話を通じて考えを広げたり深めたりする場面を設定することが有効である。この際，基礎的・基本的な知識及び技能の習得に課題がある場合には，その確実な習得を図ることを重視する必要がある。

(5) 言語活動の充実

音楽科においては，表現及び鑑賞を深めていく際に言語活動が有効に働くとされている。このため，今後一層，言語活動を通して，音楽表現を生み出したり，音楽を聴いてそのよさなどを考えたりしていく学習の充実を図ることが求められている。

音楽科の特質に応じた言語活動を適切に位置付けるために，新学習指導要領の音楽科の「第3 指導計画の作成と内容の取扱い」2 (1) アにおいて，「音や音楽及び言葉によるコミュニケーション」を図る重要性が示された。しかしながら，言葉で表すことが音楽科の本来の目的ではないことに留意しておく必要がある。思いや意図を伝え合ったり，他者の意見に共感したりすることが，音楽表現を高めていく楽しさや，音楽をより味わって聴くことにつながっていくように指導することが大切である。例えば，グループでの合奏練習の際に，速さや強弱などについて意見を出し合うことにより，よりよい表現をつくり上げようと試行錯誤する場面がみられる。また，音楽鑑賞時に，気づいたことや感じ取ったことなどの意見を発表し合う場面を設定することにより，再度その音楽を聴く際に，以前よりも音楽の要素を聴き取ることができるようになったり，よりイメージを広げたりできるようになる。このように，言語活動を活発に行うことによって，表現および鑑賞の活動をより深めていくことができるとされている。

新学習指導要領の総則において，学習の基盤となる資質・能力の育成の重要性について示され，そのうちの一つに言語能力が挙げられている（第1章第2の2の (1)）。言語能力は，すべての教科等における資質・能力の育成や学習の基盤となるものであるため，それぞれの教科等の役割を明確にしながら育んでいくことが求められている。音楽科における言語活動は，言語能力の伸長に寄与するものであると考えられる。

(桐原　礼)

（6）音楽科におけるICTの活用

　ICTとは「Information and Communication Technology」の略称で，情報通信技術のことである。学校教育におけるICTの活用の場面は年々広がり，新小学校学習指導要領には，「プログラミング」というキーワードが登場した。本項では，音楽科で活用できるメディアの紹介と活用上の留意点について言及する。

① 音楽科で活用できるメディア

1）音楽系アプリケーション・ソフトウェア

　コンピュータまたはタブレットの音楽系アプリケーション・ソフトウェアには，「楽譜作成ソフト」，「シーケンスソフト」等があり，音楽づくりの場面等で活用することができる。

2）ボーカロイド

　ボーカロイドとは，コンピュータに歌わせることができるソフトウェアである。人間の声をサンプリングして作られている。音楽づくりの場面等で活用することができる。

3）インターネット

　コンピュータまたはタブレットを用いてインターネットに接続し，音楽に関わる情報を検索し収集することができる。また，YouTube等の動画投稿（共有）サイトを利用することもできる。ただし，授業で扱う場合は，著作権上の問題がないか事前に確認しておく必要がある。

4）プログラミング

　児童がプログラミングを気軽に体験できる教材アプリとして，例えば，「Scratch（スクラッチ）」がある。音楽のカテゴリを利用すると簡単な旋律をプログラミングできる。

5）デジタル教科書

　デジタル教科書とは，デジタル技術を使って構成されている電子書籍の形で提供されている教科書のことである。文字，音声，映像などの各種データが組み込まれている。デジタル教科書には，指導者用デジタル教科書と学習者用デジタル教科書がある。指導者用デジタル教科書は，主に教師が使用するもので，電子黒板等を用いて教科書を提示する。学習者用デジタル教科書は，主に児童が使用するもので，個々にタブレットを用いて学習を進めることができる。

6）タブレット

　タブレットは，タブレットコンピュータまたはタブレット端末と呼ばれることがあるが，ここではタブレットと言う。インターネットに接続していれば，調べ学習に使えたり，様々な音楽系ソフトウェア（アプリ）を利用することができる。音楽科では，タブレット本体の動画の録画及び再生機能も有効に使える。近未来には，児童が一人一台のタブレットを持つようになるといわれているが，それが実現すれば，前掲のデジタル教科書（学習者用デジタル教科書が発売されてから）を用いることができるようになり，個々のペースを大切にした学習を行うことができるようになるだろう。

7）電子黒板

　電子技術を導入した黒板やホワイトボードのことである。デジタル教科書の提示や，鑑賞の場面でのスクリーン代わりにもなる。

② 活用の留意点

　音楽科におけるICT活用にあたり，なぜICTを活用するのかという目的を明確にしなければならない。新しいメディアを取り入れると，その新規性や機器操作だけに児童の関心が集中してしまい，結果的に授業を通しての学びがなかったという事例を聞くことがある。教師は授業を設計する段階で，授業のねらいを達成するために，ICT活用を授業の中でどのように位置づけ，その活用の目的は何かについてしっかりと検討しておくことが大切である。

　自ら歌ったり，自ら楽器を奏でたり，仲間と歌ったり，仲間と楽器を奏でたり，そして仲間と一緒に音楽を鑑賞したりというような活動は，音楽の本質的な行為である。近未来において，メディアがいかに進化しようとも，音楽の喜びの本質は変わらない。メディアの活用により，その喜びの機会を，これまで以上に広げられるような活用法でありたい。

（齊藤忠彦）

8. 音楽教育の歴史

　現在の音楽教育の状況（制度，理念，教育内容や指導方法等）は，必ずこれまでの歴史の連続性の上に形成されてきたもので，現在の音楽科教育（学校における音楽教育）の課題や問題性を考えるとき，歴史的認識は欠かすことはできない。

(1) 明治時代

　明治5（1872）年に発布された「学制」によって，我が国の近代教育制度は始まった。小学校の科目として「唱歌」が置かれ，以後，昭和16（1941）年に「芸能科・音楽」と改称されるまで「唱歌」は学校の教科名として定着することになる。ただし，当初は「当分之ヲ欠ク」とされ，実際の授業は未だ行うことができない状態であった。

　唱歌教育の先駆的な試みとしては，明治10～13（1877～1880）年にかけて東京女子師範学校（現在のお茶の水女子大学）附属幼稚園において，フレーベル式幼稚園教育書を参考につくられた和洋折衷唱歌である「保育唱歌」が教授された例などがあるが，音楽教育実施に向けて教材や指導法の研究が本格的に開始されたのは，明治12（1879）年に音楽取調掛（のちの東京音楽学校，現在の東京芸術大学音楽学部）が設立されてからである。

●『小学唱歌集』

　音楽取調掛は，新時代に合う音楽教育の制度を確立するため，教材や教授法の研究，音楽教師の養成，楽器の試作や改良，我が国の伝統音楽の調査研究等を精力的に行った。明治15（1882）年，『小学唱歌集』初編が苦難の末，出版され，続いて第二編が明治16（1883）年，第三編が明治17（1884）年に出版された。初編は初め3,000部が刊行され，1年足らずで8,000部が重版されており，音楽教育実施にあたり待ちに待った教材であったことがうかがえる。

　『小学唱歌集』各編は，縦約12cm，横約18cmの和綴じ本で，初編には33曲，第二編には16曲，第三編には42曲が収められている。

　初編の第1曲から第12曲までは，C（ドの音）から始まって2音，3音と順次音域が拡大していく基礎練習曲となっており，楽曲の調性も最初ハ長調が中心となっている。第二編の最後に輪唱が1曲入り，第三編では輪唱に加えて二部合唱，三部合唱の曲も多くなる。易から難への教材の配列は一応考慮されていた。これらの唱歌は，当時，御雇い外国人として招聘されたメーソン（伊沢修二がアメリカ留学中に師事したボストンの有名な音楽家）の指導のもと，選定された。外国の作曲家による歌や，スコットランド，ドイツなど外国の民謡あるいは讃美歌に日本語の歌詞をつけたものがほとんどだったが，宮内省伶人（楽人）であった芝葛鎮などの日本人の作曲した唱歌や，俗曲や箏組歌の旋律に歌詞をつけた曲もわずかではあるが収められていた。

　この我が国初の官製の唱歌集には，《蝶々》《霞か雲か》《蛍の光》《あおげば尊し》《アニー・ローリー》《庭の千草》など，現在まで歌い継がれている曲も多く入っている。

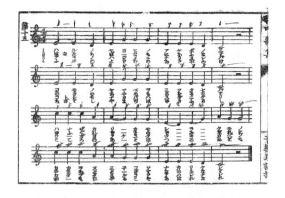

（2）文部省唱歌と大正童謡運動

● 『尋常小学唱歌』

　明治35（1902）年の教科書疑獄事件に端を発し，翌36（1903）年，小学校の教科書は国定となった。特に修身，日本歴史，地理，国語読本は純然たる国定となったが，唱歌の教科書は未だ民間発行の検定教科書が用いられていた。しかし，明治40（1907）年の小学校令改正により，「唱歌」は，明治5（1872）年以来の「当分之ヲ欠ク」や「土地ノ状況ニ依リ欠クコトヲ得」等の但し書きがなくなって，事実上，必修科目となり，いよいよ機が熟した。

　一方，作曲家のあいだにも子どものための質の高い唱歌をつくろうという気運が高まり，まず明治43（1910）年に『尋常小学読本唱歌』（全1冊），次いで明治44〜大正3（1911〜1914）年にかけて『尋常小学唱歌』（全6冊）が刊行された。これらの唱歌の作詞者，作曲者は明記されず，いわゆる「文部省唱歌」と呼ばれた。それまでの民間の唱歌集を圧倒して全国の小学校でよく用いられたため，国定ではないものの事実上の国定，準国定の唱歌教科書となった。

　『尋常小学読本唱歌』は，国語読本中の韻文に旋律をつけた唱歌である。全27曲はすべて引き続き『尋常小学唱歌』に収録された。

　『尋常小学唱歌』は各学年1冊ずつからなり，各学年ごとに20曲（第5，6学年は19曲）が掲載された。外国生まれの旋律や外国人作曲の歌などは入っておらず，すべて日本人の手による新作だった。作曲委員として，湯原元一（東京音楽学校校長），上真行，小山作之助，島崎赤太郎，楠美恩三郎，田村虎蔵，岡野貞一，南能衛の八人がその任に当たった。

　『尋常小学唱歌』の中の曲で，その後も教科書の中に残り，また戦後は共通教材に指定されるなどして時代を超えて歌い継がれている曲は多くある。《ひのまる》《富士山》《もみじ》《虫の声》《春の小川》《冬景色》《おぼろ月夜》《ふ

● 『教科適用幼年唱歌』『幼稚園唱歌』

　納所弁次郎，田村虎蔵編『教科適用幼年唱歌』は明治33〜35（1900〜1902）年に発行されたもので，その緒言に，歌詞は「児童の心情に訴ヘ（中略）平易にして理解し易い」もの，曲節は「其音程，音域の如何を審査し」たと明記されているように，子どもの発達と生活感情を大切にしようという主張があった。この歌集はいわゆる言文一致唱歌として，非常によく歌われた。低学年では日本の昔話に題材をとった歌，お月様・雪だるま・お雛様など，四季の風物や行事を歌った歌が多く，高学年では牛若丸，新田義貞，平重盛など歴史的人物や，日本武尊（やまとたけるのみこと）など神話を題材とする歌，あるいは国家主義的な題材の歌も多くなる。旋律は田村，納所両者の作曲によるものが多く，なかには3拍子や8分の6拍子の優美な曲もあったが，多くは付点のリズムを多用した（いわゆるピョンコ節と呼ばれる）快活，活発な調子の曲だった。田村虎蔵作曲の《金太郎》《花咲じじい》，納所弁次郎作曲の《兎と亀》は，特に有名である。また，明治34（1901）年に発行された『幼稚園唱歌』は，子どもたちにわかりやすく親しみやすい歌が目指され，東くめ等による平易な歌詞に，大部分は滝廉太郎が作曲したものである。楽譜には簡単な伴奏も載せられていた。なかでも《お正月》は有名である。また，滝廉太郎による《箱根八里》《荒城の月》などは，中学校や女学校で広く歌われた。

るさと》《われは海の子》などである。

この教科書の特徴として，ハ長調よりもヘ長調やト長調，ニ長調の曲が多い，♩♪♩♩や♪♪♪♪といったリズム型が多用されている，2拍子や4拍子が多く，3拍子の曲は第5学年の《海（松原とおく…）》や《冬景色》など数えるほどしかない，短調の曲もかなり少ない，といったことがあげられる。

後の時代からみると，楽曲の偏りや生硬な感じを与える部分もあるが，すべて日本人の作曲によりつくられた唱歌集であり，明治時代を通しての唱歌教育の数多くの試みの集大成となるものであった。その後，昭和7（1932）年に，時代的に古くなった歌を削り，各学年ごとに10曲ほどの新曲を加えた改訂版として『新訂尋常小学唱歌』が出版された。

● 大正童謡運動

一方，大正時代の自由主義教育思想の影響を背景に民間で始まった「童謡運動」は，子どもの歌として当時の文部省唱歌などは文語調で教訓的な歌詞が多く非芸術的だという批判に立ち，口語調の芸術性の高い童謡をつくろうという主張だった。大正7（1918）年，鈴木三重吉の主宰により雑誌『赤い鳥』が創刊され，翌8（1919）年，西条八十の詩に成田為三が曲をつけた《かなりや》が発表されると，大きな驚きと新鮮さとをもって受け入れられ，以後，多くの詩人や作曲家が創作に携わっていくこととなった。これは，同時期の自由画運動や学校における創作劇の運動などとともに，大正期の芸術教育運動の大きな動きの一つでもあった。

「日本の子どもの心情に適した」童謡をつくるため，音楽的面からは，歌詞の意味内容を旋律の展開と一致させる，歌詞のアクセントや抑揚を大切にして作曲する，リズムや音階は在来の民謡やわらべうたに学ぶ，といった考えで多くの曲がつくられた。山田耕筰の《赤とんぼ》（三木露風作詞），《からたちの花》（北原白秋作詞），本居長世と野口雨情のコンビで《赤い靴》《青い目の人形》《七つの子》，弘田龍太郎の《靴が鳴る》（清水かつら作詞），中山晋平の《しゃぼん玉》（野口雨情作詞）など，現在でも多くの人々に歌われている歌が生み出された。

(3) 昭和時代

● 国民学校「芸能科・音楽」

昭和16（1941）年，国民学校令が公布され，それまでの小学校は国民学校と改称された。時局を反映して，すべてのカリキュラムは「皇国民錬成」という目標に向かって収斂していくこととなり，音楽は図画及び工作，習字，裁縫（女子のみ）と並び「芸能科」の中の一科目として位置づけられた。それまでの「唱歌」に代わり，科目名が「音楽」となったことは，学習内容と学習領域の拡大を意味していた。

具体的には，従来の単音唱歌に加えて輪唱や複音唱歌（二部，三部合唱等）の指導，基礎指導（聴音練習，和音感訓練，楽典の初歩指導等），鑑賞・器楽領域の指導もできることとなり，鑑賞用の楽曲が選定され，音盤（レコード）も製作・発売された。しかし実際に各地の

小学校（国民学校）でどの程度実施されたかは，各学校における実情（蓄音機の整備や器楽のための楽器整備等）や各教師の力量いかんにより，まちまちであったと推測される。ただ，聴音練習は「聴覚を鋭敏にする」という目的でかなり多くの学校で実施されたようで，それまでのドレミに代わってハニホの日本音名による唱法が行われ，主要三和音（ドミソ，ドファラ，シレソ）等をピアノやオルガンで弾いて音を聴きとる活動が行われた。

国民学校用の教科書は，国定として昭和16(1941)年以降順次，『ウタノホン上』（1年生用），『うたのほん下』（2年生用），『初等科音楽』一～四（3～6年生用）がつくられた。編集委員は小松耕輔，松島つね，橋本国彦，下総皖一らである。『尋常小学唱歌』中の楽曲は各学年3～4曲ほどが残されたものの，多くは新作され，各学年に20曲が収載された。教科書には挿絵が多く入り，音符は大きく見やすくなった。

記譜は3年生までは臨時記号なしで記され，歌詞のひらがなや漢字は国語読本に準じて用いられている。また内容的には，日本音階による楽曲（《カクレンボ》《コモリウタ》《さくらさくら》など）が数曲入り，3拍子は1年生（《ウミ》）から導入され，3年生で三部合唱，4年生で輪唱など，複音唱歌が中・高学年で多く入った。

各冊の巻頭には，《君が代》と《紀元節》などの儀式唱歌が，また巻末には分散和音や和音の終止形などの楽典的事項が掲載された。国民学校の音楽教育は，すべてが戦争へと向かった時代に「皇国民錬成」という大目的のため，国家主義的・軍国主義的思想が前面に押し出されたものであったが，音楽的な見地からすると，それまでの歌うだけの活動から，聴く，弾くといった活動まで音楽の学習領域が拡大された点で，戦後の音楽科の教育課程の萌芽をここに見いだすことができる。

● 昭和20年以降

敗戦後の音楽教育の歩みは昭和22（1947）年の学習指導要領（試案）から始まった。それまでの国家主義的教育から，音楽の「芸術」としてのよさを子どもたちに感得させる芸術教育への転換がはかられ，以後，約10年ごとに学習指導要領は時代の要請を受けて改訂され，現在に至っている。昭和33（1958）年には全国津々浦々，どの学校でも歌うべきまた聴くべき教材として「共通教材」が設定され，昭和43（1968）年には「基礎」指導の導入により系統的指導が目指された。昭和52（1977）年にはゆとりの教育が標榜され，音楽学習の内容は「表現」と「鑑賞」の二領域に整理された。

海外の音楽教育の動向は我が国にも直接的な影響を与え，外国メソッドの理念と方法に学んだ音楽教育の試みも数多く行われた。ドイツの作曲家，カール・オルフが来日して日本の子どもたちに指導したその場面はテレビ放送され，大きな衝撃を与えた。ハンガリーのコダーイ・システムの理念は自国の音楽から音楽教育を出発する意義を知らせ，わらべうた教育の試みにつながった。イギリスのペインター，カナダの

シェーファーらの思想は，我が国に「創造的音楽学習」として浸透し，平成元（1989）年の学習指導要領の「つくって表現する」という項目導入に影響を与えた。

　経済成長にともなう楽器の製造，販売の伸びと相まって，リコーダーや鍵盤ハーモニカなど，器楽指導が盛んになり，クラブや部活などの特別活動では昭和40年代には鼓笛隊が，現在では地域によって吹奏楽や金管バンド，弦楽合奏なども熱心に行われている。教育機器の発達により，DVDやビデオなど聴覚とともに視覚にも訴える教材が充実して鑑賞指導も容易になっている。またパソコンによる創作指導も可能になるなど，教育環境の充実は目覚ましいものがある。

　平成20（2008）年に告示された学習指導要領では，表現及び鑑賞に関する能力を育成する上で共通に必要となる〔共通事項〕が新設された。児童が思いや意図をもって音を音楽へと構成していく「音楽づくり」の重視，唱歌や民謡・郷土に伝わるうたなど我が国や郷土の伝統音楽の指導のいっそうの充実等が示された。音楽教育の今日的課題をふまえ，今後ますます教師一人一人の創意工夫が求められ，また地域や各学校の実状と子どもの実態に応じた音楽教育のあり方が求められている。

（本多佐保美）

コラム

国歌《君が代》の由来

　小学校学習指導要領音楽の第3「指導計画の作成と内容の取扱い」の1（5）において，「国歌『君が代』は，いずれの学年においても歌えるよう指導すること」と記されている。《君が代》がどのように生まれたか，その歴史的来歴を知ることは《君が代》を歌う際の理解の深まりにもつながるだろう。

　《君が代》が作曲されたのは明治のはじめである。国民国家として諸外国に対峙するとき，国際儀礼の場で軍楽隊によって演奏される「国歌」は必要不可欠なものだった。

　薩摩藩藩士に軍楽を教えていたイギリス軍楽隊長ジョン・ウィリアム・フェントンが明治2（1869）年から3年にかけて，初代《君が代》（楽譜参照）を作曲した。「君が代は…」の和歌の三十一文字に節づけされたものであったが，その旋律は音の跳躍が多く，吹奏楽（軍楽隊）の響きには適するものの，「歌謡」としては不自然なものだった。

　《君が代》の本歌は，「古今和歌集」（905年）の「賀」（長寿祝賀）の部に収められている。その後，さまざまな芸能の歌詞として引用され，長寿・長久を祝うおめでたい歌として人々に伝えられてきた。明治になり，このだれでもが知っている和歌が国歌の歌詞として採用されたのは，ゆえなきことではない。

　現在私たちが知っている《君が代》の旋律は，明治13（1880）年に宮内省（現在の宮内庁）式部寮雅楽課が委嘱されて作曲したものである。宮内省の伶人（楽人）たちは当時，西洋音楽を熱心に学びつつあり，その中でもともとの雅楽の素養と西洋音楽の発想とを折衷させた新作の唱歌（保育唱歌）をいくつも作曲していた。《君が代》はそうした一連の唱歌の音楽様式と同じ様式により作曲されたものである。

　公式には一等伶人林広守撰譜（作曲）とされたが，じつは当時弱冠22歳の奥好義(おくよしいさ)が作曲したものであることがわかっている。

　一方，明治15（1882）年に初編が出版された『小学唱歌集』の中には，《君が代》の和歌に全く違う旋律が付けられた一曲が載っている。この《君が代》の旋律はもともと讃美歌であったという。この例から，明治10年代にはまだ現行の《君が代》は「国歌」として一般に定着していなかったことがわかるが，その後，明治26（1893）年に文部省告示の「祝日大祭日歌詞並楽譜」が発表され，その第一曲に《君が代》が示され，以後，明治時代を通じて国歌として定着していくことになる。

　《君が代》は平成11（1999）年に法制化（国旗及び国歌に関する法律）されて国歌となり，現在に至っている。

（本多佐保美）

参考CD『君が代のすべて』キングレコード，KICG-3074，2000年．

初代「君が代」

きみがよは　ちよに
やちよに　さざれ
いしの　いは　ほと　なり
て　こけ　の　む　す　まで

IV

基礎資料

1. 歌唱共通教材

本伴奏

うみ 〈1年〉

文部省唱歌　作詞／林 柳波　作曲／井上武士

・昭和16（1941）年，国民学校の1年生用の教材として教科書に載った楽曲。

〔**指導のポイント**〕
・広々とした海をイメージし，情景を想像しながら歌う。
・3拍子のゆったりとしたリズムや波のゆれる感じを自由に身体表現して，3拍子の拍子感をとらえる。
・フレーズのまとまりと，楽曲の山（フレーズの頂点）を考えながら歌う。

簡易伴奏

うみ 〈1年〉

文部省唱歌　作詞／林 柳波　作曲／井上武士

簡易伴奏・移調譜

うみ 〈1年〉

文部省唱歌　作詞／林 柳波　作曲／井上武士

本伴奏

かたつむり 〈1年〉

文部省唱歌

・明治44（1911）年に発行された『尋常小学唱歌』の第1学年用に掲載された楽曲。
〔指導のポイント〕
・♩♫｜♫♫ のリズムの繰り返しを意識し、はずむように歌えるようにする。
・体を動かしながら拍の流れに乗って歌えるようにする。
・かたつむりの様子を思い浮かべながら歌うように促す。

かたつむり 〈1年〉

文部省唱歌

本伴奏

ひのまる 〈1年〉

文部省唱歌　作詞／高野辰之　作曲／岡野貞一

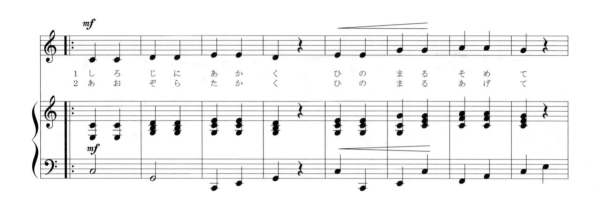

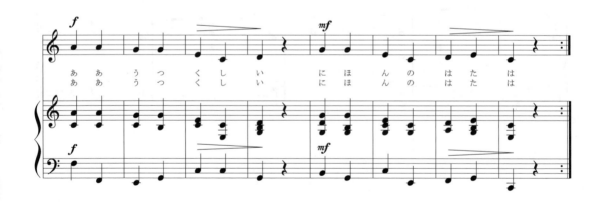

・明治44（1911）年に発行された『尋常小学唱歌』の第1学年用に掲載された楽曲。
〔指導のポイント〕
・順次進行する音の動きや，楽曲の頂点（「ああうつくしい」）をとらえて歌う。
・階名で教師が歌うのを真似したり（階名模唱），音階を意識するためハンドサインを用いたりしながら歌う。

簡易伴奏

ひのまる〈1年〉

文部省唱歌　作詞／高野辰之　作曲／岡野貞一

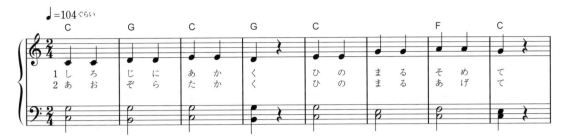

簡易伴奏・移調譜

ひのまる〈1年〉

文部省唱歌　作詞／高野辰之　作曲／岡野貞一

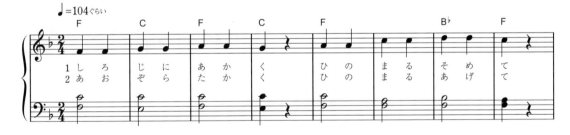

本伴奏

ひらいた ひらいた 〈1年〉

わらべうた

〔伴奏編曲：岡田京子〕

〔指導のポイント〕
・友だち同士手をつないで円を作り，歌詞に合わせて大きな輪や小さな輪にしながら歌わせる。
・身体表現をしながら，強弱の工夫に気づかせる。
・強く歌うところも，乱暴な声にならないよう助言する。

簡易伴奏

ひらいた ひらいた 〈1年〉

わらべうた

簡易伴奏

かくれんぼ 〈2年〉

文部省唱歌　作詞／林 柳波　作曲／下総皖一

・昭和16（1941）年，国民学校1年生用の教科書『ウタノホン上』に掲載された楽曲。
〔指導のポイント〕
・♫ ♫ の弾むリズムに乗り，楽しく遊ぶ様子を思い浮かべながら歌えるようにする。
・日本の旋律に親しみを持てるようにする。
・問いと答えのしくみに気づかせ，「もういいかい，まあだだよ」「もういいかい，もういいよ」の呼び掛けの強弱の工夫を子どもと共に試す。

本伴奏

春が きた 〈2年〉

文部省唱歌　作詞／高野辰之　作曲／岡野貞一

- 明治43（1910）年発行の『尋常小学読本唱歌』に所収の楽曲。

〔指導のポイント〕
- 情景を思い浮かべながら，明るくのびのびと歌う。
- 歌詞の「山に，里に，野にも」の助詞に着目し，大きな跳躍になることに気づかせる。

簡易伴奏

春が きた 〈2年〉

文部省唱歌　作詞／高野辰之　作曲／岡野貞一

簡易伴奏・移調譜

春が きた 〈2年〉

文部省唱歌　作詞／高野辰之　作曲／岡野貞一

虫のこえ 〈2年〉

文部省唱歌

前 奏

・明治43（1910）年発行の『尋常小学読本唱歌』に所収の楽曲。
〔指導のポイント〕・虫の鳴き声を表す擬音の部分の歌い方を工夫する。・空き缶にクリップなどを入れた手作り楽器や，身近にある音の出るものを用いて，虫の鳴いている様子を表してみる。

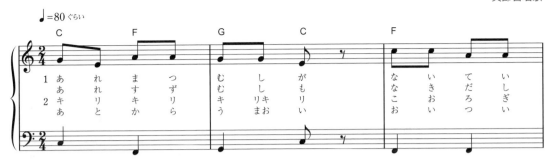

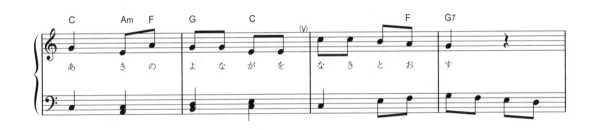
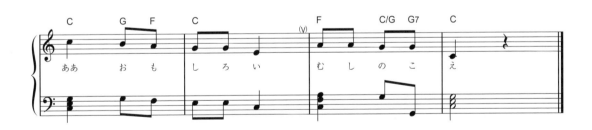

本伴奏

夕やけ こやけ 〈2年〉

作詞／中村雨紅　作曲／草川 信

簡易伴奏

夕やけ こやけ 〈2年〉

作詞／中村雨紅　作曲／草川 信

・大正12（1923）年，『あたらしい童謡』の中の一曲として発表された。
〔指導のポイント〕・歌詞をよく読んで，情景を思い浮かべさせる。1番の歌詞と2番の歌詞では，夕方から夜へと時間が変化している。子どもの生活経験と絡めて楽曲の気分を感じ取らせたい。・伴奏の最初の低いドの音は，お寺の鐘の音，1番と2番のあいだの間奏は夕方から夜への時間の変化と，一番星がキラキラ瞬いている様子を表している。どんなテンポ（速さ）だと楽曲の雰囲気にふさわしいか，伴奏の音色やテンポを工夫する。

本伴奏　　　　　　　　うさぎ 〈3年〉

日本古謡

〔指導のポイント〕
・季節の歌であり，九月の十五夜のお月見にちなんで歌わせたい。月の中にうさぎがいるという言い伝えは，日本のほか中国やインド，モンゴルなどでも伝わるお話である。
・我が国に昔から伝わるわらべうたの一つであり，日本のふしの感じを味わわせたい。
・木琴や打楽器などを用いて，簡単なリズムパターンを繰り返すオスティナート的な伴奏を入れてみるのもよい。

簡易伴奏

うさぎ 〈3年〉

日本古謡

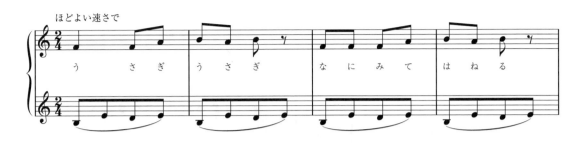

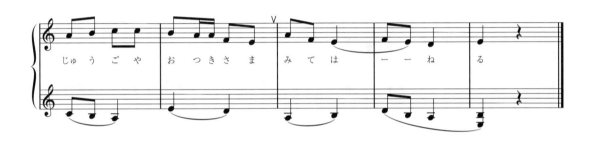

本伴奏

茶つみ〈3年〉

文部省唱歌

・明治45（1912）年発行の『尋常小学唱歌』第3学年用に新作掲載された。
〔指導のポイント〕
・歌詞の内容を思い浮かべて歌わせる。
・拍の流れや休符を意識しながら，友達と楽しく手遊びをする。
・4段目3小節目のリズムだけ異なっているので，間違って歌わないように気をつけさせる。

茶つみ 〈3年〉

文部省唱歌

本伴奏

春の小川 〈3年〉

文部省唱歌 作詞／高野辰之 作曲／岡野貞一

・大正元（1912）年,『尋常小学唱歌』第4学年用に新作された。

〔指導のポイント〕

・春の小川がさらさらと流れる感じが，伴奏音型にもよく表われている。春の明るい雰囲気を感じながら歌わせたい。曲想表現の工夫としては，旋律線の上行，下行に対応した自然な ＜　＞ の強弱変化に気をつけて歌う。

・階名で歌ってドレミ（階名）に親しませ，楽譜を見て歌う視唱の第一歩としたい。

簡易伴奏

春の小川 〈3年〉

文部省唱歌　作詞／高野辰之　作曲／岡野貞一

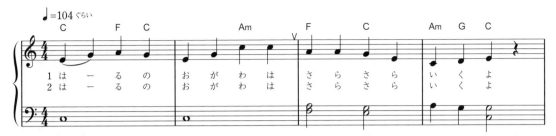
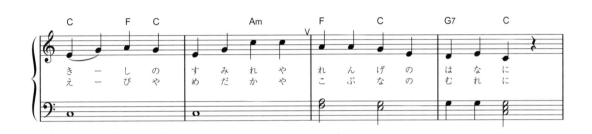
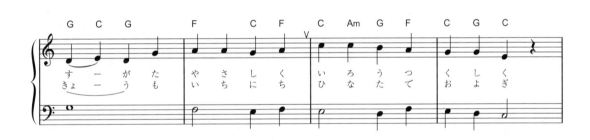
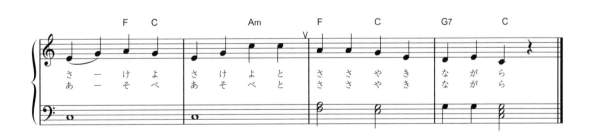

- 明治43(1910)年発行の『尋常小学読本唱歌』に掲載された楽曲。

〔指導のポイント〕

- ♩.♪♩の力強いリズムに富士山の雄大さを感じて歌えるようにする。
- 音の高さが上下する旋律線の動きを，楽譜に注目させたり，手の動きで示すなどして視覚的にも感じ取らせる。4フレーズ目の頭に楽曲の山がくることに気づかせ，そこを f で効果的に歌わせたい。

本伴奏

さくら さくら 〈4年〉

日本古謡　編曲／橋本国彦

- 明治21（1888）年に音楽取調掛（東京音楽学校）が発行した『箏曲集』に収載の楽曲。旋律は幕末の箏曲の手ほどき曲に由来するものではないかといわれている。

〔指導のポイント〕

- この曲は現在では，日本の歌として海外でも広く知られている。強弱変化はあまり意図的につけるようなことはしないで，旋律線の上下の動きに対応した自然な抑揚がつくように歌いたい。
- 可能ならば箏を弾きながら歌う場面を設定したい。日本の音楽らしく一音一音にしっかりと集中して歌うようにする。「さくらさくら」の旋律と箏の平調子（ひらぢょうし）の響きから，日本の音階の一種である陰音階（都節音階（みやこぶし））の響きを味わわせる。

簡易伴奏

さくら さくら 〈4年〉

日本古謡

本伴奏

とんび 〈4年〉

作詞／葛原しげる　作曲／梁田 貞

- 大正8（1919）年発行の『大正少年唱歌』に発表された楽曲。

〔指導のポイント〕

- 1段目，2段目，4段目の最初の小節は旋律が同じで覚えやすい。3段目のみ旋律が全く異なっていることに気づかせ，曲の構成を生かした歌い方をさせる。
- 3段目のとんびの鳴き声の反復の部分の強弱を工夫させる。母とんびと子とんびの掛け合いというように具体例を示すとイメージしやすい。子どもからの発言をひろって表現に生かすといいだろう。

簡易伴奏

と␣んび 〈4年〉

作詞／葛原しげる　作曲／梁田 貞

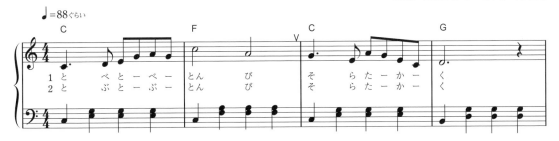

まきばの朝 〈4年〉

文部省唱歌　作曲／船橋栄吉

・昭和7（1932）年発行の『新訂尋常小学唱歌』第4学年用に掲載された楽曲。

〔指導のポイント〕

・歌詞の内容を想像し，情景を思い浮かべながら歌わせる。
・1，2，3番と時間が朝から昼にかけて経過していることに気づかせ，歌い方を工夫させる。

本伴奏

もみじ 〈4年〉

文部省唱歌　作詞／高野辰之　作曲／岡野貞一

・明治44（1911）年発行の『尋常小学唱歌』，第2学年用に掲載された楽曲。

〔指導のポイント〕

・歌詞の表す情景を思い浮かべて歌う。校庭の実際の紅葉や，教科書の写真，映像などからイメージをふくらませたい。

・♩♫♩のリズムが全体を貫いて特徴的である。二部合唱の導入の曲として適切であるので，自然で響きのある声で友だちと響き合う楽しさ，ハーモニーをつくる楽しさを味わわせたい。

簡易伴奏　　　　　　　もみじ〈4年〉

文部省唱歌　作詞／高野辰之　作曲／岡野貞一

簡易伴奏・移調譜

もみじ 〈4年〉

文部省唱歌　作詞／高野辰之　作曲／岡野貞一

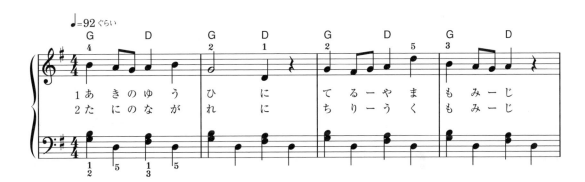
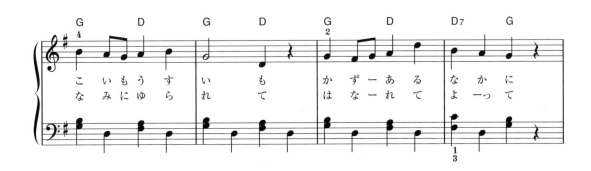

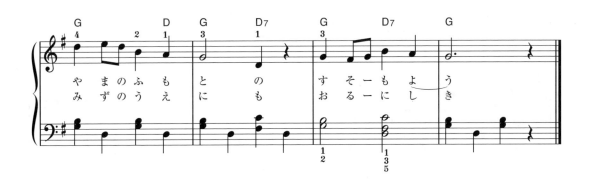

簡易伴奏

こいのぼり 〈5年〉

文部省唱歌

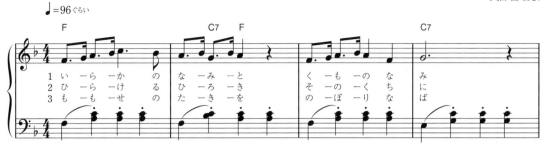

・大正2（1913）年発行の『尋常小学唱歌』第5学年用に掲載された楽曲。

〔指導のポイント〕

・♫ ♫ のリズム（タッカのリズム）が多用されている。リズムを生かして、軽やかに歌わせる。
・歌詞の内容を理解し、楽曲の様子に合った歌い方を工夫させる。
・13小節目の曲の山を意識し、歌わせる。

1．歌唱共通教材　　145

- 昭和7（1932）年発行の『新訂尋常小学唱歌』第6学年用として掲載された楽曲。
  〔指導のポイント〕
- 子どもの経験から想起させ、歌詞の内容から軽快なスキーの滑りと、景色の移り変わりを想像して歌わせる。
- 旋律の音の動きやリズムの特徴を感じ取り、曲想を生かした表現を工夫させる。

1. 歌唱共通教材　147

簡易伴奏　　　　　　　　　子もり歌（♭なし）〈5年〉

日本古謡

簡易伴奏　　　　　　　　　子もり歌（♭あり）〈5年〉

日本古謡

・昭和16（1941）年，国民学校の1年生用の教材として教科書に載った。ただし，リズムは現在のものと違い，すべて4分音符で表記されていた。

〔指導のポイント〕
・♭を付けた旋律と付けない旋律を歌いくらべ，曲の感じの違いを味わう。
・8分休符に気をつけて歌う。8分休符のないリズムで歌ってみて，リズムの違いを感じ取る。

本伴奏

冬げしき 〈5年〉
(二部合唱)

文部省唱歌

※ 原曲は単旋律（単音唱歌）

・大正2（1913）年発行の『尋常小学唱歌』第5学年用に所収の楽曲。

〔指導のポイント〕

・歌詞が表わす情景は，1番が朝，2番が昼，3番が夕方から夜と時間が変化している。児童には難しい言葉もいくつか出てくるので，歌詞の意味の説明を工夫し，イメージをもって歌えるようにする。

・旋律線の動きに沿った自然な抑揚と強弱をつけて，歌詞の表す情景を歌うのにふさわしい歌い方を工夫したい。伴奏の和音の美しさにも耳を傾ける。

冬げしき 〈5年〉

文部省唱歌

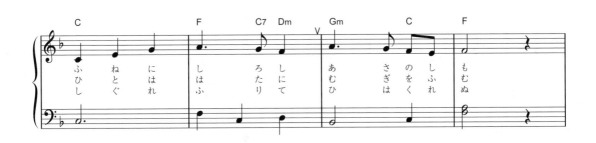

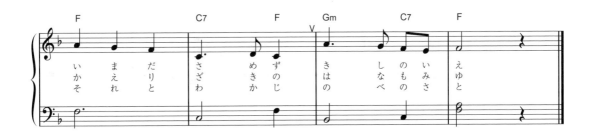

本伴奏

越天楽今様 〈6年〉

作歌／慈鎮和尚　日本古謡　編曲／吉田 覚

〔伴奏編曲：新実徳英〕

- もともと器楽曲である雅楽「越天楽」の旋律に，当時流行の今様体（七五調句から成る）の歌詞をのせて歌ったもの。「春のやよいの…」の歌詞は，鎌倉時代の天台座主大僧正慈鎮の作と伝えられる。

〔指導のポイント〕

- 越天楽の旋律，日本のふしの響きに親しみ，のびのびと歌う。
- 雅楽「越天楽」を鑑賞し，その響きのイメージから「越天楽今様」の伴奏を工夫する。笙の持続音を表現するため，キーボードで音色を選んだり，打楽器（打ち物）のリズムパターンを教室にある楽器を使って演奏してみる。

本伴奏

おぼろ月夜 〈6年〉

文部省唱歌　作詞／高野辰之　作曲／岡野貞一

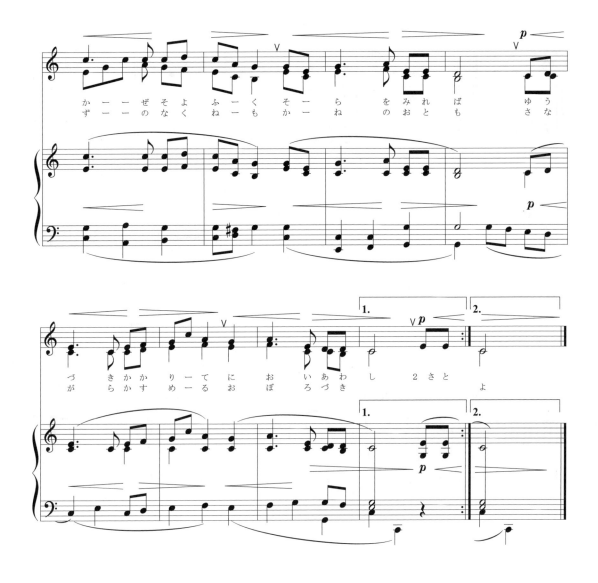

- 大正3（1914）年発行の『尋常小学唱歌』第6学年用に所収の楽曲。

〔指導のポイント〕

- 3拍子の3拍目から曲が始まる弱起（じゃっき）の曲である。言葉の区切りと3拍子の拍子感とにずれがあることが，楽曲のふんわりとした雰囲気を生みだしている。
- 長野県（信州）の飯山地方の春の風景を描いているといわれている。情景を思い浮かべながら，曲想に合った表現を工夫したい。八六調の言葉の区切りごとに，自然な ＜＿＞ をつけて歌えるようにする。

1. 歌唱共通教材

簡易伴奏

おぼろ月夜 〈6年〉

文部省唱歌　作詞／高野辰之　作曲／岡野貞一

ふるさと 〈6年〉

文部省唱歌　作詞／高野辰之　作曲／岡野貞一

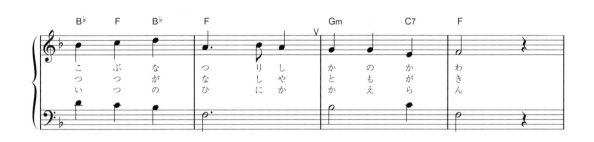

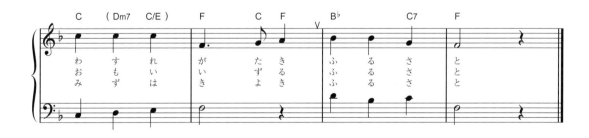

本伴奏

ふるさと 〈6年〉

文部省唱歌　作詞／高野辰之　作曲／岡野貞一

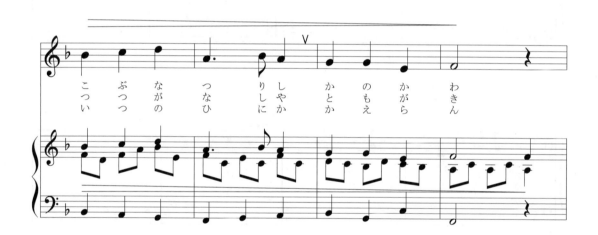

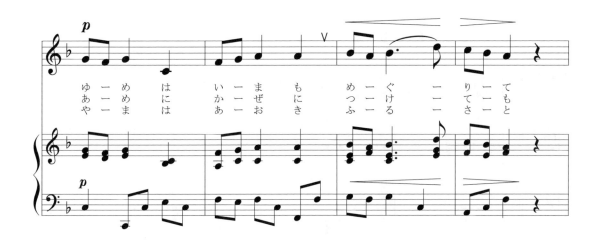

前奏

- 大正3（1914）年発行の『尋常小学唱歌』第6学年用に所収の楽曲。

〔指導のポイント〕
- 小学校を卒業していく6年生という時期に，自分たちが育ったふるさとを思う気持ちを込めて歌えるようにする。
- 歌詞の起承転結にぴったりの旋律が付けられている。1段目と2段目は対になっていて，3段目に動きがあり，4段目の頭に楽曲の山がある。旋律線の動きを手の動きで示したりして，各フレーズごとのフレーズ感を感じ取らせる。

- 明治43（1910）年発行の『尋常小学読本唱歌』に掲載された楽曲。

〔指導のポイント〕
- 曲の構成は、aabaと二部形式である。これは、4行の歌詞が2行ずつにわかれていることとも関係している。歌詞と曲の構成との関係にも気づかせたい。
- ♩.♪♩♩の力強いリズムが全体を貫いている。♩♩♩♩のリズムになる時があり、その変化にも気づかせる。
- 二長調のこの曲は、音域が低いラから高いレまでと広い。低音域が地声にならないように気をつける。
- 強弱の変化を工夫させたい。

2. 愛唱歌集

歌 唱

山のごちそう

作詞／阪田寛夫　オーストリア民謡

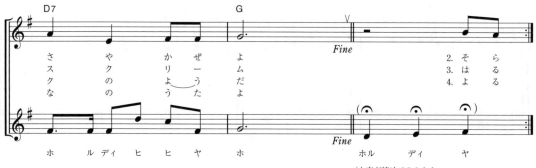

（上声が続けてここから
下声（歌の後半）を歌ってもよい）

歌唱

翼をください

作詞／山上路夫　作曲／村井邦彦　編曲／赤尾 暁

※3小節めと11小節めは、♩♫♫のリズムで歌われることもあります。

上を向いて歩こう

作詞／永 六輔　作曲／中村八大

歌唱／パートナーソング

ウン パッパ

作詞／峯 陽　作曲／バート

© Copyright 1959 by LAKEVIEW MUSIC PUBLISHING CO., LTD., London, England
Rights for Japan controlled by TRO Essex Japan Ltd., Tokyo
Authorized for sale in Japan only

歌唱／遊び歌

おちゃらか

わらべうた

せっ せっ せの　よい よい よい
おちゃらか　おちゃらか　おちゃらか　ほい
おちゃらか ｛かったよ／まけたよ／あいこで｝ おちゃらか　ほい

歌唱

花は咲く

作詞／岩井俊二　作曲／菅野よう子

歌唱／輪唱曲　　　　　　　　　　夜が明けた

作詞／岡本敏明　フランス民謡

歌唱／輪唱曲　　　　　　　　　　山の朝

作詞者不明　作曲／クララ・シューマン

歌唱／遊び歌

十五夜さんの餅つき

わらべうた

つき手は基本のリズムを
くり返し打ち続けます。

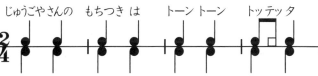

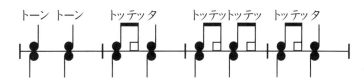

  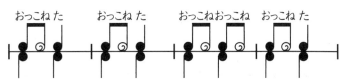

  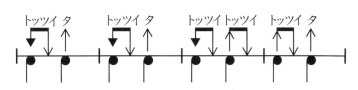

  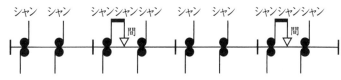

 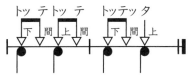

同じ歌でも，歌詞や遊び方は
さまざまに変わります。

3. 楽譜集

リコーダー

ミの練習

K. K.

音楽づくり

音楽づくり（リコーダーの旋律）のための図

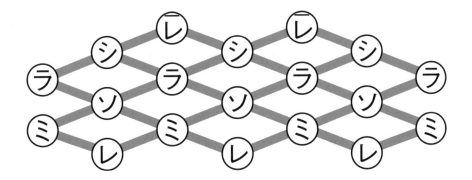

PANIC

作曲／北村俊彦

リコーダー

リコーダー／四重奏

ピタゴラスイッチ

作曲／栗原正己　編曲／金子健治

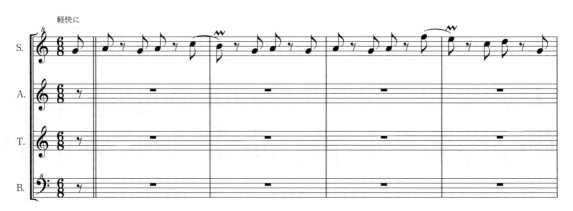

リコーダー／器楽合奏

茶いろの小びん

作詞／矢部 実　作曲／J.ウィナー　編曲／大畑みどり

リコーダー／器楽合奏　　せいじゃの行進

アメリカ民謡　編曲／嶋 英治

ヴォイス・アンサンブル

くいしんぼうのラップ

作・構成／和田 崇

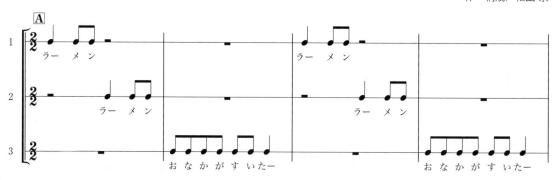
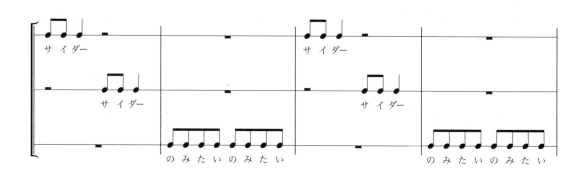
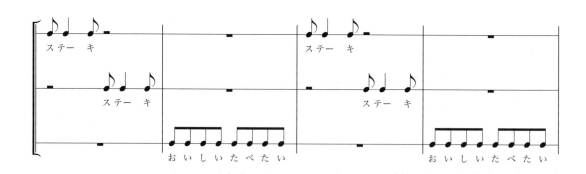
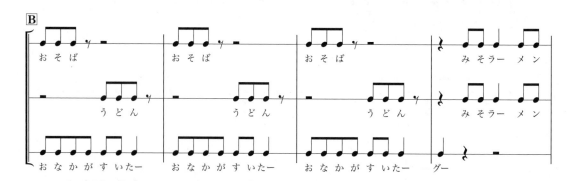

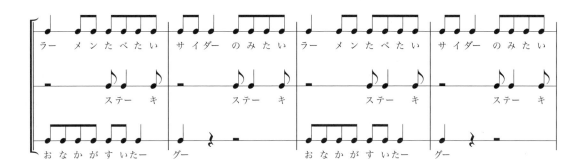
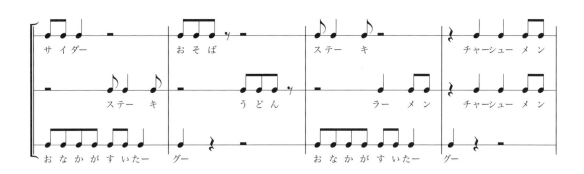
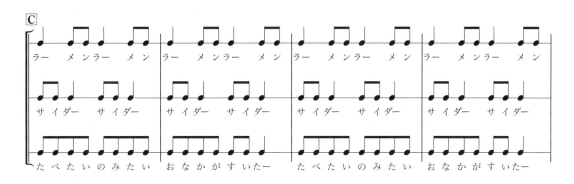

4. 楽典

(1) 譜表と音名

譜表 五線，加線，音部記号からなる（図1）。
音名 音の高さに対する固有の名称。調によって移動する階名と区別される。
幹音 ♯や♭などの変化記号によって半音階変化を受けていない音。

派生音 幹音に変化記号が付けられた音。

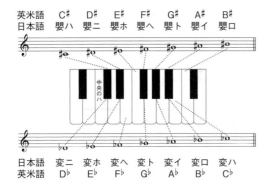

変化記号
♯ シャープ（嬰記号）幹音を半音高くする。
♭ フラット（変記号）幹音を半音低くする。
✕ ダブルシャープ（重嬰記号）幹音を全音高くする。
♭♭ ダブルフラット（重変記号）幹音を全音低くする。
♮ ナチュラル（本位記号）変化した音を，元の音にもどす。

これらの記号は，譜表各段の音部記号の次に書かれている調号と臨時記号に用いられる。調号は，原則として全曲通じて有効。それ以外は，記号がついている小節内でのみ有効。

(2) 音符と休符

音符と休符の種類

音符	名称	長さの割合	休符	名称
𝅝	全音符	▬▬▬▬	▬	全休符
𝅗𝅥.	付点2分音符	▬▬▬	▬.	付点2分休符
𝅗𝅥	2分音符	▬▬	▬	2分休符
♩.	付点4分音符	▬.	𝄽.	付点4分休符
♩	4分音符	▬	𝄽	4分休符
♪.	付点8分音符	▪.	𝄾.	付点8分休符
♪	8分音符	▪	𝄾	8分休符
♬	16分音符	▪	𝄿	16分休符

付点音符と付点休符の種類

付点2分音符　　付点4分音符　　付点8分音符
𝅗𝅥. = 𝅗𝅥 + ♩　　♩. = ♩ + ♪　　♪. = ♪ + ♬

付点2分休符　　付点4分休符　　付点8分休符
▬. = ▬ + 𝄽　　𝄽. = 𝄽 + 𝄾　　𝄾. = 𝄾 + 𝄿

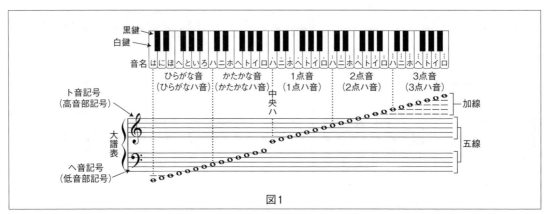

図1

連符

♩=♫♫ ♩=♫♫ ♪=♫♫ ♩=♫♫♫ ♩=♫♫♫♫

連桁

♪♪=♫ ♪♪♪♪=♫♫ ♪♪♪=♫♫ ♪♪♪=♫♫

（3）拍子とリズム

拍子 強拍と弱拍が一定の秩序をもたせて，規則正しく繰り返される状態をいう。

リズム 拍子にしたがって，音の長短や強弱などの組み合わせによって生じる一定のまとまり。

弱拍と強拍 いくつかの拍が連続してまとまりを作るとき，その最初のもの（一番重心にあたる拍）を強拍といい，残りを弱拍という（表1）。

縦線，複縦線，終止線，小節 拍子を視覚的にわかりやすく区切る線を縦線（小節線）と呼び，縦線で区切られた間を小節という。楽曲の途中で段落を示す線を複縦線と呼び，楽曲の終止を示す線を終止線という。

強起と弱起 小節内の第1拍目（強拍）から始まる曲を強起の曲といい，それ以外の拍から始まる曲を弱起の曲という。

自由リズム 明確な拍感をもたず，聞く耳には拍子がとりにくいようなリズム。日本民謡の追分様式（南部牛追い唄，江差追分等）など（八木節様式と対）。

（4）音程

音程 2つの音の高さの隔たりをいい，度数と種類で表される。

半音と全音 隣接している鍵盤の音の隔たりを半音と呼び，半音を2つ足した隔たりを全音と呼ぶ。

音程の種類 音程を含む半音の数によって種類（完全・長・短・増・減・重増・重減）がある。完全音程は1，4，5，8度，長短音程は2，3，6，7度。短・完全音程より半音狭いものは減音程。長・完全音程よりも半音広いものは増音程。

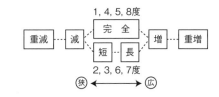

表1

度	名称	構成	例	名称	構成	例
2度	長2度	全音1		短2度	半音1	
3度	長3度	全音2		短3度	半音1 全音1	
4度	完全4度	半音1 全音2		増4度	全音3	
5度	完全5度	半音1 全音3		減5度	半音2 全音2	
6度	長6度	半音1 全音4		短6度	半音2 全音3	
7度	長7度	半音1 全音5		短7度	半音2 全音4	

日本の音階

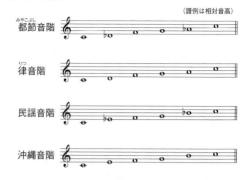

（5）音階と調

音階 音楽で用いられる音素材を、高さの順にに配列したもの。

長音階と短音階（⊏⊐は全音、⌒は半音を示す）

長音階

短音階
自然短音階

和声短音階（第7音が自然短音階より半音高くなる。第6音と第7音の幅は全音半になる。）

旋律短音階（上行形と下行形で音の幅が違う。）

上記の他にも教会旋法、全音階、12音階、半音階など様々な音階がある。

調 ある音を中心としてまとまった音の体系を調といい、長音階の調を長調、短音階の調を短調と呼ぶ。音階の主音の音名に長調、短調のいずれかを示して表す。

調号 図2参照。

階名 長音階を主音からドレミファソラシド、短音階をラシドレミファソラとして、音階各度の名称。音名と異なり調により移動、変化する。

移調 曲全体を、各音の相対的な音程関係（二つの音の関係）を変えずに、そっくり別の調に移すこと。

転調 曲の途中である調から別の調に変わること。

（6）和音

三和音と七の和音 高さの異なる2つ以上の音が同時に鳴り響くことを和音といい、ある音に3度ずつ3つの音を積み重ねたものを三和音、3度ずつ4つの音を積み重ねたものを七の和音という。

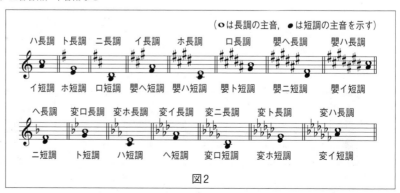

図2

三和音の種類　三和音には長三和音，短三和音，減三和音，増三和音の4種類あり，これらは長音階と和声短音階の各音上にそれぞれ構成される。

主要三和音　各調の音階上の第1音（主音），第4音（下属音），第5音（属音）上に構成される三和音をそれぞれ主和音（Tonic），下属和音（Subdominant），属和音（Dominant）と呼び，その調の性格を特徴付ける重要な和音である。これを主要三和音といい，短調では和声短音階を基とする。

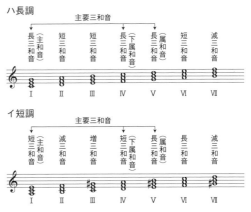

和音の転回

(7) コード

コードネーム　和音（chord）の名前（name）のことで，ジャズやポピュラー音楽で用いる和音の記号。

コードの種類　図3参照。

図3

(8) 用語・記号

音の強さを示すもの

用語と記号	読み方	意味
ppp	ピアノピアニッシモ / ピアニッシッシモ	*pp* よりさらに弱く
pp	ピアニッシモ	とても弱く
p	ピアノ	弱く
mp	メッゾピアノ	少し弱く
mf	メッゾフォルテ	少し強く
f	フォルテ	強く
ff	フォルティッシモ	とても強く
fff	フォルテフォルティッシモ / フォルティッシッシモ	*ff* よりさらに強く
cresc. <	クレシェンド	だんだん強く
decresc. >	デクレシェンド	だんだん弱く
dim.	ディミヌエンド	
> または ∧	アクセント	めだたせて，強調して
sf *sfz*	スフォルツァンド / スフォルツァート	特に強く
fz	フォルツァンド / フォルツァート	
fp	フォルテ ピアノ	強く直ちに弱く

速さを示すもの

用語	読み方	意味
Lento	レント	ゆるやかに
Largo	ラルゴ	幅広くゆるやかに
Adagio	アダージョ	ゆるやかに
Andante	アンダンテ	ゆっくり歩くような速さで
Moderato	モデラート	中ぐらいの速さで
Allegretto	アレグレット	やや速く
Allegro	アレグロ	速く
Presto	プレスト	急速に
Vivace	ヴィヴァーチェ	活発に速く
a tempo	ア・テンポ	もとの速さで
tempo primo (tempo I)	テンポプリモ	最初の速さで
rit. (ritardando)	リタルダンド	だんだん遅く
accel. (accelerando)	アッチェレランド	だんだん速く
♩=88		1分間に♩が88入る速さで演奏する

発想を示すもの

用語	読み方	意味
agitato	アジタート	激しく
amabile	アマービレ	愛らしく
appassionato	アパッショナート	熱情的に
brillante	ブリランテ	はなやかに
cantabile	カンタービレ	歌うように
con brio	コン ブリオ	生き生きと
dolce	ドルチェ	甘くやわらかに
espressivo	エスプレッシーヴォ	表情豊かに
grazioso	グラツィオーソ	優雅に，優美に
leggero (leggiero)	レッジェーロ	軽く
maestoso	マエストーソ	荘厳に

反復記号

‖: :‖ ……リピート（繰り返す）
|1. |2. | ……1番かっこ，2番かっこ
D.C. ……ダ カーポ（始めに戻る）
Fine ……フィーネ（終わり）
D.S. ……ダル セーニョ（𝄋 に戻る）
⊕ ……次の⊕までとばす
Coda ……コーダ（結び，終結）

奏法上の記号

用語と記号	読み方	意味
Legato	レガート	音と音の間を滑らかにつなげて
	スタッカート	音を短く切って
	テヌート	音の長さを十分に保って
	フェルマータ	ほどよく延ばして
	タイ	同じ高さの二つの音をつなぐ
	スラー	なめらかに

（中里南子）

5. 弾き歌いの初歩

　教育実習や実際の子どもたちを目の前にした音楽授業では，子どもたちの様子を見ながら教師も一緒に歌い演奏することは必要不可欠であり，CD等に頼りきりでは成立しない。

　ここでは，初歩的な和音での伴奏方法と効率的な弾き歌いの練習方法について述べる。苦手意識をもつ人も早めにピアノ伴奏のための準備に取りかかろう。

（1）和音で伴奏するための必要な知識

　和音で伴奏するためには，音階と和音の関連の知識や和音の仕組みの理解が必要になる。特に主要三和音は重要である。紙面がないためこれらについて詳述はしないが，楽典のページをよく確認して，まずは主要三和音を繰り返し弾いて和音に慣れておこう（譜例1）。

指番号に注意して左手で弾いてみよう
(ex. C→F→C, C→G→C, C→F→G→C)

譜例1　主要三和音

（2）実際に伴奏してみよう

　伴奏の種類には様々あるが，ここでは歌唱の音程が安定するため，右手でメロディーを弾き，左手で和音や単音などで伴奏するタイプを挙げる。

①右手メロディー，左手和音伴奏してみよう
　指番号に注意して，片手ずつ（右手練習→左手練習→両手練習）弾いてみよう（譜例2）。

小節にコードが書かれていない場合，前小節と同じであることを意味する

譜例2　メリーさんのひつじ

②左手を変化させて弾いてみよう

　二人一組となって，一人にメロディーを弾いてもらい，まずは左手のみの練習をしてみよう（譜例3）。曲の終わりは，譜例4のように終止感を出すように終えるとよい。

和音が分散されているだけなので，1つのまとまりとして捉える

拍子によって変える必要があるので注意しよう

譜例3

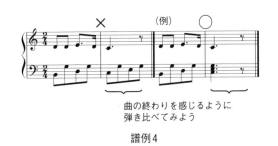

曲の終わりを感じるように弾き比べてみよう

譜例4

　歌唱共通教材《かたつむり》《春がきた》でやってみよう。

③ベース音だけで伴奏してみよう

　伴奏は通常，前述したように和音や分散和音で演奏されるが，読譜も演奏も得意でない人は，右手は歌のメロディーを弾き，左手はベースの音1つだけを弾くことから初めてみるのもよい（譜例5の①）。

譜例5　茶色の小びん

（3）コード一覧表

（4）弾き歌いのアドバイス

①弾けるようになるまで
- 弾きながら歌うことができるような，余裕をもった楽譜選びをしよう。初心者は，指番号が書かれているものを選ぶとよい。
- まずは各楽曲で指示されているテンポ表示を確認し，それよりもゆっくりめのテンポで練習を始めよう。上達してから実際のテンポに近づけるとよい。
- 初心者は，片手ずつ完璧に弾けるようになってから，両手を合わせて練習すると効率的である。その際，4小節ずつ区切って練習し，できない部分はその部分のみ取り出して練習するとよい。また，早い段階から歌いながら練習する癖をつけておこう。

②弾けるようになったら
- 前奏を入れて練習しよう。そして歌が入る前にタイミングに注意して，合図（例「さんはい」）を入れてみよう。
- 常に豊かな声量になるよう努力し，自分の歌声を支えてあげられるような優しい音色で弾くことを意識しよう。
- 曲の途中で止まってしまうと，はじめに戻って弾き直す人が多く見られる。もしそうなっても，そのまま音楽の流れにそって先へ進み，最後まで弾ききる癖をつけよう。間違えた箇所は，後から部分練習するとよい。
　伴奏者の都合で曲が止まったり前に戻ったとしたら，歌の世界に入っている子どもたちを，無理やり中断させてしまうことになる。常に子どもの歌う世界を意識した練習をしよう。
- 友達や家族等，皆に聴いてもらい，自分の伴奏と一緒に歌ってもらおう。そして「速くて歌いにくい」など，一人で練習していると気づかないことを指摘してもらおう。また，人前で演奏することで，自分が緊張した時の演奏状態がよくわかり，練習の仕方がさらに見えてくるものである。例えば，緊張すると「テンポが速くなる」「いつもは弾けたのに弾けなくなった部分がある」など，一人で練習していた時では考えられないことが起こるのである。その状況を覚えておき「速くなる」のであれば，テンポをさらに落とした練習を意識し，「弾けなくなる部分がある」のであれば，その部分の練習を暗譜するまで繰り返し弾き込むことで，緊張しても自信をもって弾くことができるであろう。

（中里南子）

6. 指揮法について

(1) 指揮の役割

一般に複数人数で，ある物事を同時にスタートさせる時には「息を合わせる」ことが必要である。そのための「合図」として，例えば「せーのー」や「ジャン・ケン・ポン」という掛け声などが用いられる。

指揮は，大人数で行う演奏活動の際に，掛け声なしに手の動きで全員の音声を合わせるために行うものである。しかしながら，単にタイミングを合わせるための「合図」を出すだけにとどまらず，演奏者に対して指揮者が思い描く楽曲に相応しいテンポ，またデュナーミク・音形等の音楽的なニュアンスや流れをも表示し，演奏や合唱を一つにまとめることが求められる。

(2) 指揮をする際の姿勢と構え

肩幅程度に足を開き，両足に均等に体重がかかるように真っすぐに立つ。構える際の両腕の位置は基本的には肩幅ほどで，高さは臍から胸部の間で，指揮対象となる相手の演奏形態や編成，さらに指揮台の有無も考慮した上でちょうどよい位置に調整する。

指揮棒は，合唱では持たないことが一般的であるが，器楽合奏での使用・非使用については状況に応じて各自で判断するとよい。指揮棒を持つ際には，指揮棒を自分の手の延長と捉え，先端にまで意識を通わせて指揮する。

なお，指揮譜面台を使用する際には，指揮棒や手が当たらないように高さを低めに調節しておくことを勧める。

(3) 指揮運動

① 加減速運動と打点

指揮における腕の運動は，図1のようなAから振り下ろす際に加速し，最速になるBを通過後，減速し，戻ったAで脱力するという加減速運動を持つ。Bの最速点が「打点」となる。

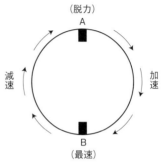

図1　指揮における回転運動

図1の円運動を①から③のように段々と縦長の楕円に変化させ，やがて一直線上の上下往復運動にしていくと「打点」の性質は，なめらかなものから鋭いものへと変化していく（図2）。

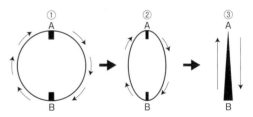

図2　円運動から上下運動への変化

「打点」の性質（鋭角，なめらか等）は，どの拍子図形においても楽曲の持つ音楽的ニュアンス・音形に応じて変化していくこととなる。

② 指揮図形

1）1つ振り（ワルツ）

2拍子や3拍子の1小節を1拍と捉え，1回の円・上下運動で振る。図2の①②は，ワルツや，ゆったりした3拍子，③は，速いテンポの3拍子や2拍子の指揮として現れる。

2) 2つ振り（2/4拍子 等）

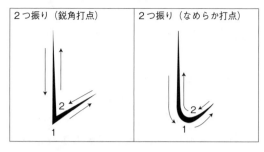

3) 3つ振り（3/4拍子 等）

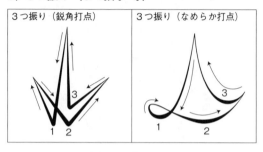

4) 4つ振り（4/4拍子 等）

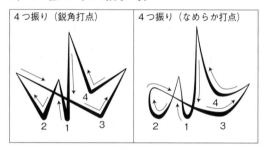

5) 5つ振り（5/8拍子 等）

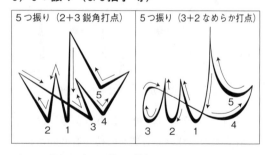

6) 6つ振り（6/8拍子 等）

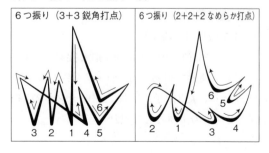

7) 拍の分割

楽曲のテンポ自体が遅い際に分割する場合と，リタルダンドなどでテンポが遅くなる際に各拍を1拍で振ると間が持たなくなる時に拍を分割する場合がある。

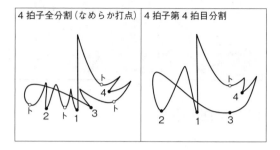

（4）予備拍の提示

予備拍とは，演奏開始前に「さん・ハイ！」の掛け声の代わりに提示する「空拍」である。「じゃんけん」で「ジャン・ケン」という掛け声で「ポン」のタイミングを相手に予測させるように，指揮で示すべきは音が出る拍ではなく，常にその1拍前の拍である。プロ指揮者は予備拍を通常1拍で提示することが多いが，学校現場においては2拍分示す方が現実的であろう。その際には，1つ目の予備拍を「予備予備拍」，2つ目の予備拍，即ち発音拍の1拍前を「本予備拍」のように認識して表示すると奏者には分かりやすい。以下に4拍子の例を示す。

1) 第1拍目開始　　2) 第2拍目開始

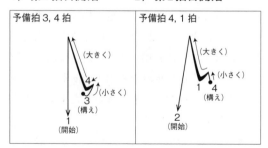

3）第3拍目開始　　4）第4拍目開始

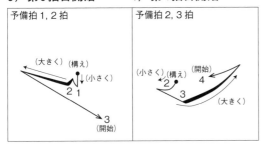

5）裏拍からの開始

表拍をはっきり打つことで出やすくなる。

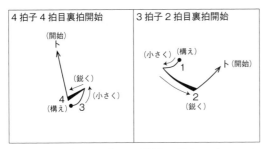

なお，演奏開始前の予備拍の数をいくつにするかは，本番前には必ず再確認しておくこと。

（5）楽曲指揮に当たって

① 下準備として

第1回目の練習に臨む時点で，指揮者（指導者）は，取り組む楽曲について多岐にわたって深く理解・把握していなければならない。

1）知識的側面

作曲家に関する事柄（時代背景，活動地域，作曲の背景等）及び楽曲に関する事柄（スコアリーディングによる様式，形式，和声，テクスチュア分析等）を把握し，楽曲を理解する。

2）感性的側面

楽曲分析に基づいた楽曲理解を踏まえ，楽譜を読み取ったものを指導者自身の理想的な楽曲演奏状態として「頭の中」で鳴るようにしておく。　合唱指揮の際は，実際に各声部を歌ったり，伴奏を弾いたりして曲想をつかんでおくとよい。

② 演奏の開始

楽曲の開始時のテンポ及び拍子，さらに曲想に則った予備拍を提示する。指揮者も一緒にブレスを取ることで，演奏者とタイミングを共有することができる。なお，予備拍と楽曲開始後のテンポは完全に一致していなければならない。

③ 曲中のテンポ変化

楽曲開始後に表れるテンポ表示の変化，また，リタルダンド，アッチェレランド等の速度変化，さらに譜面上には表示されないアゴーギク等を，指揮を振る速度の変化で示す。フェルマータではいったん指揮を止め，再開拍に対しての予備拍（1拍）を再開時のテンポで提示する。

④ 曲中の音楽的ニュアンス表示

1）強弱表示

楽曲内の *pp* から *ff*，クレッシェンド，デクレッシェンド等，多様に変化するデュナーミクの幅を指揮の図形の大きさの変化で示す。

2）表情表示

マルカート，レガート，レジェロを始めとする，楽曲のそれぞれの部分が持つ多様な音楽的な表情やニュアンスを打点の質の変化で示す。

3）左手の役割り

右手が指揮の中心的な役割を果たす中で，音楽の表情・ニュアンスを左手で，より繊細に表現する。例えば，てのひらを上に向けると「もっと！」，下に向けると「抑えて！」拳を固く結ぶと「力強く！」，人差し指を口に当てると「静かに！」等々，多様なニュアンスを伝えることができる。また，各声部の「入り」の合図も出す。

⑤ 演奏の終止

テンポ，デュナーミク，音形等，楽曲の終止形態によって変わるが，開始時と同様に終止拍に則した1拍前の予備拍を示した後，終止拍で止める。長く伸ばす音での終止は，左手のてのひらを開き，音とともに伸ばしておき，切る1拍前で予備拍を出して時計回りに半円を描く図形を描き，てのひらを結んで終える。

⑥ 指揮をする際の留意点

テンポに合わせて1拍ごとに首を上下に振ったり，お辞儀するように上半身を上下させたり，また膝を屈伸させる等は避け，基本的には腕のみで指揮をするよう心掛ける。

(6) 指揮の練習について

　指導の際の子どもたちへの言葉掛けと指揮が一致していることは重要である。「なめらかに！」という指導をしておきがら指揮が鋭い打点を示していると子どもたちは混乱するであろう。そうならないためにも指揮の習練は不可欠である。
　実際の合奏・合唱練習に臨む前に指揮練習を必要とする際には，自分の思い通りの指揮になっているかを，鏡の前で指揮をしたり，自分の指揮姿を録画したりして確認することを勧める。これにより，指揮をされる側の視点から自分の指揮を客観的に捉えた上で，修正することができる。

(7) 指導者と指揮者の立場での指揮

　教育現場の教師は，子どもたちの奏でる演奏・合唱（音）を聴き取り，必要に応じて修正・調整し，音楽的ニュアンスについても引き出す「指導者」としての側面をより求められる。しかしながら，本番では教師も「指揮者」となって子どもたちとの演奏を存分に楽しむべきである。
　イタリア出身の指揮者C.M.ジュリーニ（2005年没）は，「（指揮の）身振りは教えられません。音楽的アイデアから自然に生まれてくるとしか言えないのです」という言葉を残している。
　指揮はダンスのようにあらかじめ振り付けを決めて手を動かすものではく，指揮者の音楽性・感性の深さによって表出するものなのである。「指導者」であると同時に「音楽家」として，自身の音楽性を深めることで，指揮の動きもより音楽的になっていくことであろう。

　　　　　　　　　　　　　（吉田治人）

7. 小学校学習指導要領
（平成29年3月告示）
音　楽

第1　目標
　表現及び鑑賞の活動を通して，音楽的な見方・考え方を働かせ，生活や社会の中の音や音楽と豊かに関わる資質・能力を次のとおり育成することを目指す。
(1) 曲想と音楽の構造などとの関わりについて理解するとともに，表したい音楽表現をするために必要な技能を身に付けるようにする。
(2) 音楽表現を工夫することや，音楽を味わって聴くことができるようにする。
(3) 音楽活動の楽しさを体験することを通して，音楽を愛好する心情と音楽に対する感性を育むとともに，音楽に親しむ態度を養い，豊かな情操を培う。

第2　各学年の目標及び内容
　〔第1学年及び第2学年〕
　1　目　標
　(1) 曲想と音楽の構造などとの関わりについて気付くとともに，音楽表現を楽しむために必要な歌唱，器楽，音楽づくりの技能を身に付けるようにする。
　(2) 音楽表現を考えて表現に対する思いをもつことや，曲や演奏の楽しさをいだしながら音楽を味わって聴くことができるようにする。
　(3) 楽しく音楽に関わり，協働して音楽活動をする楽しさを感じながら，身の回りの様々な音楽に親しむとともに，音楽経験を生かして生活を明るく潤いのあるものにしようとする態度を養う。
　2　内　容
　A　表現
　(1) 歌唱の活動を通して，次の事項を身に付けることができるよう指導する。
　　ア　歌唱表現についての知識や技能を得たり生かしたりしながら，曲想を感じ取って表現を工夫し，どのように歌うかについて思いをもつこと。
　　イ　曲想と音楽の構造との関わり，曲想と歌詞の表す情景や気持ちとの関わりについて気付くこと。
　　ウ　思いに合った表現をするために必要な次の(ｱ)から(ｳ)までの技能を身に付けること。
　　　(ｱ) 範唱を聴いて歌ったり，階名で模唱したり暗唱したりする技能
　　　(ｲ) 自分の歌声及び発音に気を付けて歌う技能
　　　(ｳ) 互いの歌声や伴奏を聴いて，声を合わせて歌う技能
　(2) 器楽の活動を通して，次の事項を身に付けることができるよう指導する。
　　ア　器楽表現についての知識や技能を得たり生かしたりしながら，曲想を感じ取って表現を工夫し，どのように演奏するかについて思いをもつこと。
　　イ　次の(ｱ)及び(ｲ)について気付くこと。
　　　(ｱ) 曲想と音楽の構造との関わり
　　　(ｲ) 楽器の音色と演奏の仕方との関わり
　　ウ　思いに合った表現をするために必要な次の(ｱ)から(ｳ)までの技能を身に付けること。
　　　(ｱ) 範奏を聴いたり，リズム譜などを見たりして演奏する技能
　　　(ｲ) 音色に気を付けて，旋律楽器及び打楽器を演奏する技能
　　　(ｳ) 互いの楽器の音や伴奏を聴いて，音を合わせて演奏する技能
　(3) 音楽づくりの活動を通して，次の事項を身に付けることができるよう指導する。
　　ア　音楽づくりについての知識や技能を得たり生かしたりしながら，次の(ｱ)及び(ｲ)をできるようにすること。
　　　(ｱ) 音遊びを通して，音楽づくりの発想を得ること。
　　　(ｲ) どのように音を音楽にしていくかについて思いをもつこと。
　　イ　次の(ｱ)及び(ｲ)について，それらが生み出す面白さなどと関わらせて気付くこと。
　　　(ｱ) 声や身の回りの様々な音の特徴
　　　(ｲ) 音やフレーズのつなげ方の特徴
　　ウ　発想を生かした表現や，思いに合った表現をするために必要な次の(ｱ)及び(ｲ)の技能を身に付けること。
　　　(ｱ) 設定した条件に基づいて，即興的に音

　　　　を選んだりつなげたりして表現する技能
　　　(イ) 音楽の仕組みを用いて，簡単な音楽を
　　　　つくる技能
　B　鑑　賞
　(1) 鑑賞の活動を通して，次の事項を身に付け
　　ることができるよう指導する。
　　　ア　鑑賞についての知識を得たり生かしたり
　　　　しながら，曲や演奏の楽しさを見いだし，
　　　　曲全体を味わって聴くこと。
　　　イ　曲想と音楽の構造との関わりについて気
　　　　付くこと。
〔共通事項〕
　(1)「A表現」及び「B鑑賞」の指導を通して，
　　次の事項を身に付けることができるよう指導
　　する。
　　　ア　音楽を形づくっている要素を聴き取り，
　　　　それらの働きが生み出すよさや面白さ，美
　　　　しさを感じ取りながら，聴き取ったことと
　　　　感じ取ったこととの関わりについて考える
　　　　こと。
　　　イ　音楽を形づくっている要素及びそれらに
　　　　関わる身近な音符，休符，記号や用語につ
　　　　いて，音楽における働きと関わらせて理解
　　　　すること。
　3　内容の取扱い
　(1) 歌唱教材は次に示すものを取り扱う。
　　　ア　主となる歌唱教材については，各学年と
　　　　もイの共通教材を含めて，斉唱及び輪唱で
　　　　歌う曲
　　　イ　共通教材
　　〔第1学年〕
　　　「うみ」（文部省唱歌）
　　　　　　　林　柳波作詞　井上武士作曲
　　　「かたつむり」（文部省唱歌）
　　　「日のまる」（文部省唱歌）
　　　　　　　高野辰之作詞　岡野貞一作曲
　　　「ひらいたひらいた」（わらべうた）
　　〔第2学年〕
　　　「かくれんぼ」（文部省唱歌）
　　　　　　　林　柳波作詞　下総皖一作曲
　　　「春がきた」（文部省唱歌）
　　　　　　　高野辰之作詞　岡野貞一作曲
　　　「虫のこえ」（文部省唱歌）
　　　「夕やけこやけ」
　　　　　　　中村雨紅作詞　草川信作曲
　(2) 主となる器楽教材については，既習の歌唱教
　　材を含め，主旋律に簡単なリズム伴奏や低声部

　　　などを加えた曲を取り扱う。
　(3) 鑑賞教材は次に示すものを取り扱う。
　　　ア　我が国及び諸外国のわらべうたや遊びうた，
　　　　行進曲や踊りの音楽など体を動かすことの快
　　　　さを感じ取りやすい音楽，日常の生活に関連
　　　　して情景を思い浮かべやすい音楽など，いろ
　　　　いろな種類の曲
　　　イ　音楽を形づくっている要素の働きを感じ取
　　　　りやすく，親しみやすい曲
　　　ウ　楽器の音色や人の声の特徴を捉えやすく親
　　　　しみやすい，いろいろな演奏形態による曲

〔第3学年及び第4学年〕
1　目　標
　(1) 曲想と音楽の構造などとの関わりについて
　　気付くとともに，表したい音楽表現をするた
　　めに必要な歌唱，器楽，音楽づくりの技能を
　　身に付けるようにする。
　(2) 音楽表現を考えて表現に対する思いや意図
　　をもつことや，曲や演奏のよさなどを見いだ
　　しながら音楽を味わって聴くことができるよ
　　うにする。
　(3) 進んで音楽に関わり，協働して音楽活動を
　　する楽しさを感じながら，様々な音楽に親し
　　むとともに，音楽経験を生かして生活を明る
　　く潤いのあるものにしようとする態度を養う。
2　内　容
　A　表　現
　(1) 歌唱の活動を通して，次の事項を身に付け
　　ることができるよう指導する。
　　　ア　歌唱表現についての知識や技能を得たり
　　　　生かしたりしながら，曲の特徴を捉えた表
　　　　現を工夫し，どのように歌うかについて思
　　　　いや意図をもつこと。
　　　イ　曲想と音楽の構造や歌詞の内容との関わ
　　　　りについて気付くこと。
　　　ウ　思いや意図に合った表現をするために必
　　　　要な次の(ア)から(ウ)までの技能を身に付け
　　　　ること。
　　　(ア) 範唱を聴いたり，ハ長調の楽譜を見た
　　　　　りして歌う技能
　　　(イ) 呼吸及び発音の仕方に気を付けて，自
　　　　　然で無理のない歌い方で歌う技能
　　　(ウ) 互いの歌声や副次的な旋律，伴奏を聴
　　　　　いて，声を合わせて歌う技能
　(2) 器楽の活動を通して，次の事項を身に付け
　　ることができるよう指導する。

ア　器楽表現についての知識や技能を得たり生かしたりしながら，曲の特徴を捉えた表現を工夫し，どのように演奏するかについて思いや意図をもつこと。
　　イ　次の(ｱ)及び(ｲ)について気付くこと。
　　　(ｱ)　曲想と音楽の構造との関わり
　　　(ｲ)　楽器の音色や響きと演奏の仕方との関わり
　　ウ　思いや意図に合った表現をするために必要な次の(ｱ)から(ｳ)までの技能を身に付けること。
　　　(ｱ)　範奏を聴いたり，ハ長調の楽譜を見たりして演奏する技能
　　　(ｲ)　音色や響きに気を付けて，旋律楽器及び打楽器を演奏する技能
　　　(ｳ)　互いの楽器の音や副次的な旋律，伴奏を聴いて，音を合わせて演奏する技能
　(3)　音楽づくりの活動を通して，次の事項を身に付けることができるよう指導する。
　　ア　音楽づくりについての知識や技能を得たり生かしたりしながら，次の(ｱ)及び(ｲ)をできるようにすること。
　　　(ｱ)　即興的に表現することを通して，音楽づくりの発想を得ること。
　　　(ｲ)　音を音楽へと構成することを通して，どのようにまとまりを意識した音楽をつくるかについて思いや意図をもつこと。
　　イ　次の(ｱ)及び(ｲ)について，それらが生み出すよさや面白さなどと関わらせて気付くこと。
　　　(ｱ)　いろいろな音の響きやそれらの組合せの特徴
　　　(ｲ)　音やフレーズのつなげ方や重ね方の特徴
　　ウ　発想を生かした表現や，思いや意図に合った表現をするために必要な次の(ｱ)及び(ｲ)の技能を身に付けること。
　　　(ｱ)　設定した条件に基づいて，即興的に音を選択したり組み合わせたりして表現する技能
　　　(ｲ)　音楽の仕組みを用いて，音楽をつくる技能
　B　鑑賞
　(1)　鑑賞の活動を通して，次の事項を身に付けることができるよう指導する。
　　ア　鑑賞についての知識を得たり生かしたりしながら，曲や演奏のよさなどを見いだし，曲全体を味わって聴くこと。
　　イ　曲想及びその変化と，音楽の構造との関わりについて気付くこと。
〔共通事項〕
　(1)　「A表現」及び「B鑑賞」の指導を通して，次の事項を身に付けることができるよう指導する。
　　ア　音楽を形づくっている要素を聴き取り，それらの働きが生み出すよさや面白さ，美しさを感じ取りながら，聴き取ったことと感じ取ったこととの関わりについて考えること。
　　イ　音楽を形づくっている要素及びそれらに関わる音符，休符，記号や用語について，音楽における働きと関わらせて理解すること。
3　内容の取扱い
　(1)　歌唱教材は次に示すものを取り扱う。
　　ア　主となる歌唱教材については，各学年ともイの共通教材を含めて，斉唱及び簡単な合唱で歌う曲
　　イ　共通教材
　　〔第3学年〕
　　　「うさぎ」（日本古謡）
　　　「茶つみ」（文部省唱歌）
　　　「春の小川」（文部省唱歌）
　　　　　　高野辰之作詞　岡野貞一作曲
　　　「ふじ山」（文部省唱歌）巖谷小波作詞
　　〔第4学年〕
　　　「さくらさくら」（日本古謡）
　　　「とんび」葛原しげる作　梁田貞作曲
　　　「まきばの朝」（文部省唱歌）
　　　　　　　　　　　　　　船橋栄吉作曲
　　　「もみじ」（文部省唱歌）
　　　　　　高野辰之作詞　岡野貞一作曲
　(2)　主となる器楽教材については，既習の歌唱教材を含め，簡単な重奏や合奏などの曲を取り扱う。
　(3)　鑑賞教材は次に示すものを取り扱う。
　　ア　和楽器の音楽を含めた我が国の音楽，郷土の音楽，諸外国に伝わる民謡など生活との関わりを捉えやすい音楽，劇の音楽，人々に長く親しまれている音楽など，いろいろな種類の曲
　　イ　音楽を形づくっている要素の働きを感じ取りやすく，聴く楽しさを得やすい曲
　　ウ　楽器や人の声による演奏表現の違いを聴

き取りやすい，独奏，重奏，独唱，重唱を含めたいろいろな演奏形態による曲

〔第5学年及び第6学年〕
1 目標
　(1) 曲想と音楽の構造などとの関わりについて理解するとともに，表したい音楽表現をするために必要な歌唱，器楽，音楽づくりの技能を身に付けるようにする。
　(2) 音楽表現を考えて表現に対する思いや意図をもつことや，曲や演奏のよさなどを見いだしながら音楽を味わって聴くことができるようにする。
　(3) 主体的に音楽に関わり，協働して音楽活動をする楽しさを味わいながら，様々な音楽に親しむとともに，音楽経験を生かして生活を明るく潤いのあるものにしようとする態度を養う。
2 内容
A 表現
　(1) 歌唱の活動を通して，次の事項を身に付けることができるよう指導する。
　　ア 歌唱表現についての知識や技能を得たり生かしたりしながら，曲の特徴にふさわしい表現を工夫し，どのように歌うかについて思いや意図をもつこと。
　　イ 曲想と音楽の構造や歌詞の内容との関わりについて理解すること。
　　ウ 思いや意図に合った表現をするために必要な次の(ｱ)から(ｳ)までの技能を身に付けること。
　　　(ｱ) 範唱を聴いたり，ハ長調及びイ短調の楽譜を見たりして歌う技能
　　　(ｲ) 呼吸及び発音の仕方に気を付けて，自然で無理のない，響きのある歌い方で歌う技能
　　　(ｳ) 各声部の歌声や全体の響き，伴奏を聴いて，声を合わせて歌う技能
　(2) 器楽の活動を通して，次の事項を身に付けることができるよう指導する。
　　ア 器楽表現についての知識や技能を得たり生かしたりしながら，曲の特徴にふさわしい表現を工夫し，どのように演奏するかについて思いや意図をもつこと。
　　イ 次の(ｱ)及び(ｲ)について理解すること。
　　　(ｱ) 曲想と音楽の構造との関わり
　　　(ｲ) 多様な楽器の音色や響きと演奏の仕方との関わり
　　ウ 思いや意図に合った表現をするために必要な次の(ｱ)から(ｳ)までの技能を身に付けること。
　　　(ｱ) 範奏を聴いたり，ハ長調及びイ短調の楽譜を見たりして演奏する技能
　　　(ｲ) 音色や響きに気を付けて，旋律楽器及び打楽器を演奏する技能
　　　(ｳ) 各声部の楽器の音や全体の響き，伴奏を聴いて，音を合わせて演奏する技能
　(3) 音楽づくりの活動を通して，次の事項を身に付けることができるよう指導する。
　　ア 音楽づくりについての知識や技能を得たり生かしたりしながら，次の(ｱ)及び(ｲ)をできるようにすること。
　　　(ｱ) 即興的に表現することを通して，音楽づくりの様々な発想を得ること。
　　　(ｲ) 音を音楽へと構成することを通して，どのように全体のまとまりを意識した音楽をつくるかについて思いや意図をもつこと。
　　イ 次の(ｱ)及び(ｲ)について，それらが生み出すよさや面白さなどと関わらせて理解すること。
　　　(ｱ) いろいろな音の響きやそれらの組合せの特徴
　　　(ｲ) 音やフレーズのつなげ方や重ね方の特徴
　　ウ 発想を生かした表現や，思いや意図に合った表現をするために必要な次の(ｱ)及び(ｲ)の技能を身に付けること。
　　　(ｱ) 設定した条件に基づいて，即興的に音を選択したり組み合わせたりして表現する技能
　　　(ｲ) 音楽の仕組みを用いて，音楽をつくる技能
B 鑑賞
　(1) 鑑賞の活動を通して，次の事項を身に付けることができるよう指導する。
　　ア 鑑賞についての知識を得たり生かしたりしながら，曲や演奏のよさなどを見いだし，曲全体を味わって聴くこと。
　　イ 曲想及びその変化と，音楽の構造との関わりについて理解すること。
〔共通事項〕
　(1) 「A表現」及び「B鑑賞」の指導を通して，次の事項を身に付けることができるよう指導

する。
　　ア　音楽を形づくっている要素を聴き取り，それらの働きが生み出すよさや面白さ，美しさを感じ取りながら，聴き取ったことと感じ取ったこととの関わりについて考えること。
　　イ　音楽を形づくっている要素及びそれらに関わる音符，休符，記号や用語について，音楽における働きと関わらせて理解すること。
　3　内容の取扱い
　(1)　歌唱教材は次に示すものを取り扱う。
　　ア　主となる歌唱教材については，各学年ともイの共通教材の中の3曲を含めて，斉唱及び合唱で歌う曲
　　イ　共通教材
　　〔第5学年〕
　　　「こいのぼり」（文部省唱歌）
　　　「子もり歌」（日本古謡）
　　　「スキーの歌」（文部省唱歌）
　　　　　　　　　林柳波（はやしりゅうは）作詞　橋本国彦（はしもとくにひこ）作曲
　　　「冬げしき」（文部省唱歌）
　　〔第6学年〕
　　　「越天楽今様（えてんらくいまよう）（歌詞は第2節まで）」
　　　　　　　　（日本古謡）慈鎮（じちん）和尚作歌
　　　「おぼろ月夜」（文部省唱歌）
　　　　　　　　　高野辰之（たかのたつゆき）作詞　岡野貞一（おかのていいち）作曲
　　　「ふるさと」（文部省唱歌）
　　　　　　　　　高野辰之（たかのたつゆき）作詞　岡野貞一（おかのていいち）作曲
　　　「われは海の子（歌詞は第3節まで）」
　　　　　　　　　　　　　　　　（文部省唱歌）
　(2)　主となる器楽教材については，楽器の演奏効果を考慮し，簡単な重奏や合奏などの曲を取り扱う。
　(3)　鑑賞教材は次に示すものを取り扱う。
　　ア　和楽器の音楽を含めた我が国の音楽や諸外国の音楽など文化との関わりを捉えやすい音楽，人々に長く親しまれている音楽など，いろいろな種類の曲
　　イ　音楽を形づくっている要素の働きを感じ取りやすく，聴く喜びを深めやすい曲
　　ウ　楽器の音や人の声が重なり合う響きを味わうことができる，合奏，合唱を含めたいろいろな演奏形態による曲
第3　指導計画の作成と内容の取扱い
　1　指導計画の作成に当たっては，次の事項に配慮するものとする。
　(1)　題材など内容や時間のまとまりを見通して，その中で育む資質・能力の育成に向けて，児童の主体的・対話的で深い学びの実現を図るようにすること。その際，音楽的な見方・考え方を働かせ，他者と協働しながら，音楽表現を生み出したり音楽を聴いてそのよさなどを見いだしたりするなど，思考，判断し，表現する一連の過程を大切にした学習の充実を図ること。
　(2)　第2の各学年の内容の「A表現」の(1)，(2)及び(3)の指導については，ア，イ及びウの各事項を，「B鑑賞」の(1)の指導については，ア及びイの各事項を適切に関連させて指導すること。
　(3)　第2の各学年の内容の〔共通事項〕は，表現及び鑑賞の学習において共通に必要となる資質・能力であり，「A表現」及び「B鑑賞」の指導と併せて，十分な指導が行われるよう工夫すること。
　(4)　第2の各学年の内容の「A表現」の(1)，(2)及び(3)並びに「B鑑賞」の(1)の指導については，適宜，〔共通事項〕を要として各領域や分野の関連を図るようにすること。
　(5)　国歌「君が代」は，いずれの学年においても歌えるよう指導すること。
　(6)　低学年においては，第1章総則の第2の4の(1)を踏まえ，他教科等との関連を積極的に図り，指導の効果を高めるようにするとともに，幼稚園教育要領等に示す幼児期の終わりまでに育ってほしい姿との関連を考慮すること。特に，小学校入学当初においては，生活科を中心とした合科的・関連的な指導や，弾力的な時間割の設定を行うなどの工夫をすること。
　(7)　障害のある児童などについては，学習活動を行う場合に生じる困難さに応じた指導内容や指導方法の工夫を計画的，組織的に行うこと。
　(8)　第1章総則の第1の2の(2)に示す道徳教育の目標に基づき，道徳科などとの関連を考慮しながら，第3章特別の教科道徳の第2に示す内容について，音楽科の特質に応じて適切な指導をすること。
　2　第2の内容の取扱いについては，次の事項に配慮するものとする。
　(1)　各学年の「A表現」及び「B鑑賞」の指導

に当たっては，次のとおり取り扱うこと。
　ア　音楽によって喚起されたイメージや感情，音楽表現に対する思いや意図，音楽を聴いて感じ取ったことや想像したことなどを伝え合い共感するなど，音や音楽及び言葉によるコミュニケーションを図り，音楽科の特質に応じた言語活動を適切に位置付けられるよう指導を工夫すること。
　イ　音楽との一体感を味わい，想像力を働かせて音楽と関わることができるよう，指導のねらいに即して体を動かす活動を取り入れること。
　ウ　児童が様々な感覚を働かせて音楽への理解を深めたり，主体的に学習に取り組んだりすることができるようにするため，コンピュータや教育機器を効果的に活用できるよう指導を工夫すること。
　エ　児童が学校内及び公共施設などの学校外における音楽活動とのつながりを意識できるようにするなど，児童や学校，地域の実態に応じ，生活や社会の中の音や音楽と主体的に関わっていくことができるよう配慮すること。
　オ　表現したり鑑賞したりする多くの曲について，それらを創作した著作者がいることに気付き，学習した曲や自分たちのつくった曲を大切にする態度を養うようにするとともに，それらの著作者の創造性を尊重する意識をもてるようにすること。また，このことが，音楽文化の継承，発展，創造を支えていることについて理解する素地となるよう配慮すること。
(2)　和音の指導に当たっては，合唱や合奏などの活動を通して和音のもつ表情を感じ取ることができるようにすること。また，長調及び短調の曲においては，Ⅰ，Ⅳ，Ⅴ及びV$_7$などの和音を中心に指導すること。
(3)　我が国や郷土の音楽の指導に当たっては，そのよさなどを感じ取って表現したり鑑賞したりできるよう，音源や楽譜等の示し方，伴奏の仕方，曲に合った歌い方や楽器の演奏の仕方などの指導方法を工夫すること。
(4)　各学年の「A表現」の(1)の歌唱の指導に当たっては，次のとおり取り扱うこと。
　ア　歌唱教材については，我が国や郷土の音楽に愛着がもてるよう，共通教材のほか，長い間親しまれてきた唱歌，それぞれの地方に伝承されているわらべうたや民謡など日本のうたを含めて取り上げるようにすること。
　イ　相対的な音程感覚を育てるために，適宜，移動ド唱法を用いること。
　ウ　変声以前から自分の声の特徴に関心をもたせるとともに，変声期の児童に対して適切に配慮すること。
(5)　各学年の「A表現」の(2)の楽器については，次のとおり取り扱うこと。
　ア　各学年で取り上げる打楽器は，木琴，鉄琴，和楽器，諸外国に伝わる様々な楽器を含めて，演奏の効果，児童や学校の実態を考慮して選択すること。
　イ　第1学年及び第2学年で取り上げる旋律楽器は，オルガン，鍵盤ハーモニカなどの中から児童や学校の実態を考慮して選択すること。
　ウ　第3学年及び第4学年で取り上げる旋律楽器は，既習の楽器を含めて，リコーダーや鍵盤楽器，和楽器などの中から児童や学校の実態を考慮して選択すること。
　エ　第5学年及び第6学年で取り上げる旋律楽器は，既習の楽器を含めて，電子楽器，和楽器，諸外国に伝わる楽器などの中から児童や学校の実態を考慮して選択すること。
　オ　合奏で扱う楽器については，各声部の役割を生かした演奏ができるよう，楽器の特性を生かして選択すること。
(6)　各学年の「A表現」の(3)の音楽づくりの指導に当たっては，次のとおり取り扱うこと。
　ア　音遊びや即興的な表現では，身近なものから多様な音を探したり，リズムや旋律を模倣したりして，音楽づくりのための発想を得ることができるよう指導すること。その際，適切な条件を設定するなど，児童が無理なく音を選択したり組み合わせたりすることができるよう指導を工夫すること。
　イ　どのような音楽を，どのようにしてつくるかなどについて，児童の実態に応じて具体的な例を示しながら指導するなど，見通しをもって音楽づくりの活動ができるよう指導を工夫すること。
　ウ　つくった音楽については，指導のねらいに即し，必要に応じて作品を記録させること。作品を記録する方法については，図や絵によるもの，五線譜など柔軟に指導する

こと。

　　エ　拍のないリズム，我が国の音楽に使われている音階や調性にとらわれない音階などを児童の実態に応じて取り上げるようにすること。

(7) 各学年の「B鑑賞」の指導に当たっては，言葉などで表す活動を取り入れ，曲想と音楽の構造との関わりについて気付いたり理解したり，曲や演奏の楽しさやよさなどを見いだしたりすることができるよう指導を工夫すること。

(8) 各学年の〔共通事項〕に示す「音楽を形づくっている要素」については，児童の発達の段階や指導のねらいに応じて，次のア及びイから適切に選択したり関連付けたりして指導すること。

　　ア　音楽を特徴付けている要素
　　　　音色，リズム，速度，旋律，強弱，音の重なり，和音の響き，音階，調，拍，フレーズなど
　　イ　音楽の仕組み
　　　　反復，呼びかけとこたえ，変化，音楽の縦と横との関係など

(9) 各学年の〔共通事項〕の(1)のイに示す「音符，休符，記号や用語」については，児童の学習状況を考慮して，次に示すものを音楽における働きと関わらせて理解し，活用できるよう取り扱うこと。

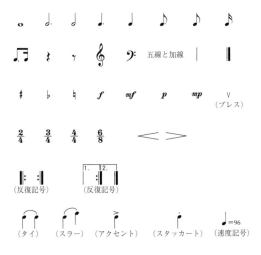

新版　小学校音楽科教育法

2018年3月26日　初版第1刷発行
2023年9月13日　初版第6刷発行

編　者　本多佐保美　中嶋俊夫
　　　　齊藤忠彦　桐原　礼

発行者　伊東千尋

発行所　教育出版株式会社
〒135-0063 東京都江東区有明3-4-10 TFTビル西館
電話 03-5579-6725　振替 00190-1-107340

© S. Honda／T. Nakajima／T. Saito／A. Kirihara 2018
Printed in Japan
落丁・乱丁はお取替いたします。
JASRAC 出1801450-106

組版　ひとま舎
印刷　藤原印刷
製本　上島製本

ISBN978-4-316-80456-9　C3037